JN015111

教科書
要点

ズバっ

新しい **社会**

地理

東京書籍

この本の構成と特色

　この本は，東京書籍版教科書「新しい社会　地理」の内容を定期テスト直前に，すばやく効果的に暗記・学習するためのものです。

　各節ごとに，要点を要領よくまとめてあります。

要点の中の要点を示してあります。ぜひともテストの直前に確認しておきましょう。

各節でテストに出そうなところをピックアップしています。テスト前の学習時に役立てましょう。

テストによく出る重要用語の簡単な説明です。

テストによく出る内容がつまっています。時間がないときは，ここだけでもチェックしておきましょう。

得点アップ
定期テスト対策問題

定期テストを想定した予想問題です。力試しにチャレンジして，自分の実力を見るのに効果的です。

暗記フィルターの使い方

　暗記してほしい重要な語句や「要点チェック」「定期テスト対策問題」の解答などは，シートを上にのせると見えなくなるようになっています。手軽に使えるので効果的に活用しましょう。

目　次

目　次

1 世界の姿

要点整理

1 地球の姿を見てみよう

①六大陸と三大洋

- 地球の表面の約7割が海洋，約3割が陸地→「水の惑星」とよばれる
- 三大洋：太平洋，大西洋，インド洋
- 六大陸：ユーラシア大陸，アフリカ大陸，北アメリカ大陸，南アメリカ大陸，オーストラリア大陸，南極大陸

②世界を分ける六つの州

- 世界の六つの州：アジア州，ヨーロッパ州，アフリカ州，北アメリカ州，南アメリカ州，オセアニア州に区分

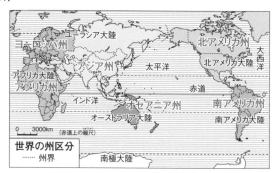

世界の州区分
…… 州界

- 州の細かな区分：アジア州…東アジア，東南アジア，南アジア，西アジア，中央アジアなどに分けられる

2 世界のさまざまな国々

①多くの国々がある世界

- 世界の国の数：190余り…面積が最大のロシア連邦（ロシア），地球上で日本と正反対にあるブラジル，2011年に独立した南スーダンなど

②国名の由来を知ろう

- インド：大河を意味するインダス川から

> **超重要** 地球上の位置は緯度と経度で示すことができる

・エクアドル：国内を通る赤道のスペイン語の表現から

③国旗に表れた国の特色

・国旗：国の歴史や人々の願いを表したもの

・オセアニア州の国々の国旗：南十字星や，イギリスの国旗（ユニオンジャック）の入った国旗が多い

④国境の決まり方

・国境：国と国との境界

・山脈や川，海などを利用して決めた国境線

・緯線，経線などを利用して直線的に引いた国境線

・直線的な国境はアフリカ州に多く，アメリカ合衆国とカナダとの国境も大部分が直線的

⑤海洋国と内陸国

・海洋国（島国）：国の全てが海に囲まれ，他の国と陸地で接していない国

・内陸国：どこにも海と接している部分がない国

⑥面積の大きい国と小さい国

・世界最大の国…ロシア：面積が日本の約45倍，世界の陸地面積の1割以上をしめる

・世界最小の国…バチカン市国：イタリアのローマ市内にある

・日本の国土面積：世界で61番目の大きさ

⑦人口の多い国と少ない国

・世界の人口は約76億人（2018年）→現在も増え続けている

・州ごとの人口：アジア州が最も多く，アフリカ州，ヨーロッパ州と続く

・世界で最も人口の多い国：約14億人にもなる中華人民共和

国(中国)

・人口1億人以上の国は，10か国以上あり，日本もその一つ

・人口密度：人口を面積で割った値のことで，1平方キロメートル(km²)あたりの人口で表す

❸ 地球上の位置を表そう

①緯度と経度

・緯度：赤道から南北にどれだけはなれているかを表したもの

・赤道を0度，赤道より北を北半球，南を南半球といい，北半球の緯度は北緯，南半球の緯度は南緯で表し，それぞれ90度で分ける

・緯線：地球の表面の同じ緯度を結んだ線

・経線：北極点と南極点とを地球の表面を通って結んだ線

・経度：本初子午線から東西にどれだけはなれているかを表したもので，本初子午線を0度，それより東を東経，西を西経で表し，それぞれ180度で分ける

❹ 地球儀と世界地図を比べてみよう

①地球儀の特徴

・地球儀：地球を縮めた模型で，地球全体の形や，陸地と海洋の位置関係などを，ほぼ正確に表す

②目的に応じた世界地図

・目的に合わせた地図：距離や方位を正しく表した地図，面積を正しく表した地図，緯線と経線が直角に交わった地図など

□地球の表面において地表の海洋と陸地の比率はおよそ何対何か。	およそ7：3
□三大洋のうち最大の海洋は何か。	太平洋
□六大陸のうち最大の大陸は何か。	ユーラシア大陸
□世界の六つの州とは，アジア州，アフリカ州，ヨーロッパ州，北アメリカ州，南アメリカ州とどこか。	オセアニア州
□ユーラシア大陸には二つの州がある。ヨーロッパ州と何州か。	アジア州
□世界には独立国が何か国余りあるか。	190か国余り
□緯線や経線を利用した直線的な国境が多いのはどの州か。	アフリカ州
□国土が海洋に囲まれている国を何というか。	海洋国（島国）
□国土が全く海に面していない国を何というか。	内陸国
□面積が世界最大の国はどこか。	ロシア連邦(ロシア)
□面積が世界最小の国はどこか。	バチカン市国
□世界で最も人口の多い州はどこか。	アジア州
□14億人をこえる世界で最も人口の多い，アジア州にある国はどこか。	中華人民共和国（中国）
□1平方キロメートル(㎢)あたりの人口を表す値を何というか。	人口密度
□緯度は南北にそれぞれ何度ずつあるか。	90度
□緯度0度の緯線は，特に何とよばれているか。	赤道
□イギリスのロンドンにある旧グリニッジ天文台を通る経度0度の経線を特に何というか。	本初子午線
□経度は東西にそれぞれ何度ずつあるか。	180度
□地球をそのままの形で縮めたものを何というか。	地球儀

① 右の地図を見て，次の問いに答えなさい。

(1) 右の地図中の**A**，**B**の海洋名を答えなさい。

A（　太平洋　）

B（　大西洋　）

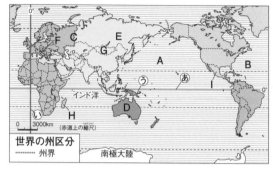

(2) 地図中の**A**，**B**とインド洋をあわせて何とよばれているか答えなさい。　　　　　　（　三大洋　）

(3) 地図中の**C**，**D**の大陸名を答えなさい。

C（　ユーラシア大陸　）　D（　オーストラリア大陸　）

(4) 地図中の**あ**，**い**について，次の問いに答えなさい。

① **あ**は緯度0度の緯線である。この緯線を何というか。（　赤道　）

② **い**は経度0度の経線である。この経線を何というか。

（　本初子午線　）

③ **い**の経線は，イギリスの何という都市を通っているか。

（　ロンドン　）

(5) 地図中の**う**の州名を答えなさい。　　　　　（　オセアニア州　）

(6) 地図中の**C**の大陸は，二つの州にまたがっている。この二つの州名を答えなさい。　　　　　（　アジア州　）と（　ヨーロッパ州　）

(7) 地図中の**E**，**F**は世界最大面積を持つ国と最小の面積を持つ国である。国名を答えなさい。　　E（　ロシア連邦　）　F（　バチカン市国　）

(8) 地図中の**G**～**I**から，①海洋国(島国)と②内陸国を選び，それぞれ記号で答えなさい。また，①，②に当てはまる国名も答えなさい。

①（　H　）（　マダガスカル　）　②（　G　）（　モンゴル　）

2 日本の姿

教科書　p.20〜p.32

● 要点整理 ●

1 日本の位置

①日本の緯度・経度

・日本列島は東西，南北のどちらにも長い

・東西：およそ東経122度から154度までの32度

・南北：およそ北緯20度から46度までの26度

・日本…韓国や中国，イラン，エジプト，イタリアなどの国々とほぼ同じ緯度

・北海道より高緯度に位置する国…ヨーロッパ州の多くの国

・ほぼ同緯度の地域…アフリカ大陸の北端と関東地方，サハラ砂漠中央部と沖縄

②日本の位置

・日本は中国や韓国の近く，ユーラシア大陸の東側，太平洋の北西部に位置する海洋国（島国）

2 日本と世界との時差

①標準時と時差

・標準時：基準とする経線である標準時子午線の真上に太陽が位置するときを正午（午後0時）として，その国の基準とした時刻

・日本の標準時子午線：兵庫県明石市などを通る東経135度

・アメリカやロシアのように東西に長い場合は地域ごとに複数の標準時を決めている国もある

・時差：各国が定める標準時子午線の経度の異なりから生まれる時刻のずれ，標準時子午線の経度15度ごとに1時間の時差

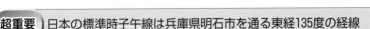

超重要　日本の標準時子午線は兵庫県明石市を通る東経135度の経線

3 日本の領域の特色

①海洋国・日本

- 日本列島：北海道，本州，四国，九州の四つの島と，その周辺にある伊豆諸島や小笠原諸島，南西諸島などの大小の島々から成り立つ
- 日本の国土（領土）の面積：約38万km²
- 北海道から沖縄まで：およそ3000km，弓なりにのびている

②日本の領域と排他的経済水域

- 領域：領土，領海，領空
- 排他的経済水域…水産資源や鉱産資源を沿岸国が独占的に開発したりできる水域→領海の外側で沿岸から

↑領土，領海，領空の区分

200海里（約370km）以内，日本の排他的経済水域は領土の面積の10倍以上
- 日本の東西南北の端：東端は南鳥島，西端は与那国島，南端は沖ノ鳥島，北端は択捉島

4 北方領土・竹島と尖閣諸島

①地理的に見る島々の特色

- 海洋国である日本は，となり合う国との間で，領土をめぐる問題をかかえている島々もある
- 貴重な自然が残る北方領土：歯舞群島，色丹島，国後島，択捉島は根室市などに属する日本固有の領土
  - 貴重な自然が残る日本固有の領土
  - 現在はロシアが不法に占拠しており，日本は抗議を続けている
  - 択捉島は本州などの主要四島以外で最大の島
- 漁業資源に恵まれた竹島…島根県隠岐の島町に属する日本固有の領土だが，韓国が不法に占拠→日本は抗議を続けている

超重要 日本の領海は12海里，排他的経済水域は200海里である

・男島(西島)と女島(東島)を中心に，いくつかの島で構成されている

・暖流の対馬海流と寒流のリマン海流がぶつかる潮境に近いので豊富な漁業資源に恵まれている

・資源が期待される尖閣諸島…日本固有の領土であり，日本が実効支配をしている→中国や台湾がその領有権を主張

　・沖縄県石垣市に属し，魚釣島，久場島，南小島，北小島など大小八つの島々で構成される

5 日本の都道府県

①日本の都道府県と地方

・都道府県…地方の政治を行っている基本の単位は1972年(昭和47年)から47都道府県(1都1道2府43県)…1871年の廃藩置県で北海道を除く東京府，大阪府，京都府の3府と，302県，1888年に3府43県(北海道を除く)に改められるなど，変更がくり返されて現在の区分になった

・都道府県の範囲…廃藩置県まであった国々の範囲を受け継いでいる場合も多く，いくつかの国を合わせた県もある

・どの都道府県にも属していない所もある(例：富士山の山頂付近)

・周囲を他県に囲まれた「飛び地」になっている所もある(例：和歌山県北山村)

・いくつかの都道府県を「地方」としてまとめることがある(例：関東地方)

②都道府県庁所在地

・県庁所在地…都道府県の政治を行う，都道府県庁が置かれている都市

・地方政治の中心的役割を果たしている機関が集中している

・ほとんどが城下町や港町として発展した歴史ある都市や交通の中心地として発達した都市

□日本の西側にあり，ヨーロッパ州とアジア州にまたがる大陸は何か。	ユーラシア大陸
□日本のように国土が海洋に囲まれた国を何とよぶか。	海洋国（島国）
□経度で見ると日本の国土は，およそ東経122度から東経何度の間に位置しているか。	東経154度
□緯度で見ると日本の国土は，およそ北緯何度から北緯46度の間に位置しているか。	北緯20度
□オーストラリアから見ると，日本は太平洋をはさんでどちらの方角にあるか。	北
□日本の位置を緯線に沿って移動したとき，沖縄はアフリカ大陸の何砂漠の辺りか。	サハラ砂漠
□北海道より高緯度にあるのは，イギリス，イタリア，スペインのうちどこの国になるか。	イギリス
□兵庫県明石市を通る，日本の標準時を決めている経線は東経何度か。	東経135度
□それぞれの国の標準時子午線の経度が異なることによる時刻のずれを何というか。	時差
□標準時子午線の経度15度で何時間の時差があるか。	1時間
□北海道，本州，四国，九州の四つの島と，その周辺の伊豆諸島や小笠原諸島，南西諸島などの大小の島々からなる列島を何というか。	日本列島
□日本の国土面積は約何万km^{2}か。	約38万km^2
□北海道から沖縄までの距離はおよそ何kmか。	およそ3000km
□国の主権がおよぶ陸地を何というか。	領土
□沿岸から主権がおよぶ水域を何というか。	領海
□領海とは，領土に接する何海里以内の海域と定めら	12海里（約22km）

れているか。

□領土と領海の上空部分を何というか。	領空
□領土，領海，領空をまとめて何というか。	領域
□魚などの水産資源や，石油や天然ガスなどの鉱産資源を沿岸国が独占的に調査したり開発したりできる水域で，領海の外側で沿岸から200海里以内の水域を何というか。	排他的経済水域
□上の問いの水域の外側を指す。どこの国の船や漁船も自由に使うことができる水域を何というか。	公海
□北海道の東にあり，現在もロシアによって不法に占拠されている日本の固有の領土とは何か。	北方領土
□北方領土にふくまれている島は，歯舞群島，色丹島，国後島と，日本の北端の何島か。	択捉島
□日本固有の領土である日本海上の竹島を不法に占拠している国はどこか。	韓国
□中国と台湾がその領有権を主張しているが，日本固有の領土であり実効支配をしている東シナ海上の島々は何諸島か。	尖閣諸島
□日本で，地方政治を行っている基本の単位を何というか。	都道府県
□現在の日本の都道府県の数はいくつか。	47
□都道府県の政治を行う，都道府県庁が置かれた都市を何というか。	県庁所在地
□周囲を他の県に囲まれた地域のことを何というか。	飛び地
□北陸，中央高地，東海の3つの地域区分からなる地方を何というか。	中部地方
□山陽と山陰の2つの地域区分からなる地方を何というか。	中国地方

1 日本の姿について，右の地図を見て，次の問いに答えなさい。

(1) 右の地図中の①，②の国名を答えな
さい。　①（　　中国　　）
　　　　②（　　韓国　　）

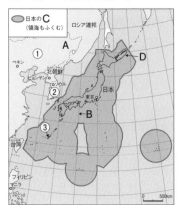

(2) 地図中の③は，アフリカ大陸のサハ
ラ砂漠とほぼ同緯度にある。この③の
都道府県名を答えなさい。
（　　沖縄県　　）

(3) 地図中のAの大陸名を答えなさい。
（　ユーラシア大陸　）

(4) 地図中のBに関して，次の問いに答
えなさい。

　① Bは，東経135度の経線である。この経線は，何県の何市を通って
いるか答えなさい。　　　　　　　　　　　　　（　兵庫県明石市　）

　② Bは，日本の標準時の基準となる経線である。この経線を何という
か答えなさい。　　　　　　　　　　　　　　　（　標準時子午線　）

(5) 地図中のCに関して，次の問いに答えなさい。

　① Cは，魚などの水産資源や，石油や天然ガスなどの鉱産資源につい
て，沿岸国が独占的に調査したり開発したりできる水域である。この
Cの水域を何というか答えなさい。　　　　　　（　排他的経済水域　）

　② このCは領海を除いて沿岸から何海里以内か。次のア〜ウから選び，
記号で答えなさい。　　　　　　　　　　　　　　　　　（　ウ　）

　　ア　12海里以内　　　イ　100海里以内　　　ウ　200海里以内

(6) 地図中のDに関して，次の問いに答えなさい。

　① Dは日本の固有の領土であるが，現在はロシアが不法に占拠してい
る。この領土を何というか答えなさい。　　　　　（　北方領土　）

② Dのうち，四国についで大きな島の名称を答えなさい。

（　択捉島　）

③ Dと同様に，日本の固有の領土である島を，地図中の②の国が不法に占拠している。日本海上にあるこの島の名称を答えなさい。

（　竹島　）

2 日本の姿について，右の地図を見て，次の問いに答えなさい。

(1) 右の地図中の都道府県は，何都何道何府何県あるのか数を答えなさい。

（　1都1道2府43県　）

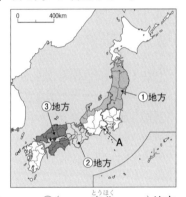

(2) 都道府県は，何を行うための基本的な単位か。　（　地方の政治　）

(3) 地図中のAの山は，静岡県と山梨県の境界にあるが，山頂付近には境界の一部未確定な所がある。このAの名称を答えなさい。　（　富士山　）

(4) 地図中の①～③の地方名を答えなさい。　①（　東北　）地方
②（　近畿　）地方　③（　中国・四国　）地方

(5) ③の地方はさらに3つの地域に区分される。その地域区分を答えなさい。(順不同)

（　山陰　）（　瀬戸内　）（　南四国　）

(6) 都道府県の重要な機関が集まる県庁所在地には，県名とちがった名前を持つ所もある。次の各県の県庁所在地名を答えなさい。

群馬県（　前橋市　）　滋賀県（　大津市　）　愛媛県（　松山市　）

(7) 和歌山県北山村のように，和歌山県内のほかのどの市町村とも接していない土地を何というか。

（　飛び地　）

世界各地の人々の生活と環境

教科書　p.33〜p.53

● 要点整理 ●

1 雪と氷の中で暮らす人々

①雪と氷でおおわれた寒帯の様子

・寒帯：気温が0℃以下の期間がほとんど，短い夏には気温が0℃以上になり，わずかに草やこけが生える場所もある

②イヌイットの暮らしの知恵

・イヌイット：カナダ北部の寒帯の地域に暮らす人々，狩りや漁業が中心

　住居：冬…イグルー（れんが状の雪を積み上げたドーム型のシェルター），
　　　　夏…あざらしの皮とクジラの骨や流木で作るテント

　衣服：あざらしやカリブーの毛皮を加工して衣服やくつにする

　食事：狩りをした動物の肉や魚が中心，生のまま食べたり，野菜といっしょに調理して食べたりする

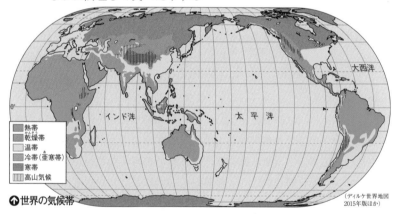

　　熱帯
　　乾燥帯
　　温帯
　　冷帯（亜寒帯）
　　寒帯
　　高山気候

🔼世界の気候帯

（ディルケ世界地図
2015年版ほか）

③イヌイットの暮らしの変化

> **超重要** 冷帯（亜寒帯）には，タイガとよばれる針葉樹の森林がある

・定住化した現代のイヌイット…電気や暖房のある住居で生活する一方，機会は少なくなったが狩りや漁業は続けている

② 寒暖の差が激しい土地に暮らす人々

①寒さが厳しい冷帯の様子

・冷帯(亜寒帯)：一年の気温の差が大きい→冬は気温が−10℃を下回り，夏は平均気温が10℃をこえ，昼間の気温が30℃近くになる日もある

　・夏の気温が高いため，北のシベリアには針葉樹から成るタイガとよばれる広大な森林，シベリア南部では針葉樹の中に広葉樹が混じる森林も

②シベリアの暮らしの知恵

　住居：シベリアは人が生活する場所では世界で最も寒い→熱を伝えにくい丸太の木材の使用や二重窓など，寒さを防ぐ工夫がされている

　衣服：毛皮で作った厚いコート，頭全体をおおう帽子

　食事：冷涼な地域でも育つじゃがいもやライ麦(パンの材料)，冬は野菜の漬け物などの保存食も

③シベリアでの暮らしと環境の変化

・イルクーツクなどの都市…夏は郊外の家庭菜園付きの小さな家(ダーチャ)へ，冬はアイスホッケーやスキーなどを楽しむ

・木材の生産や地下資源の開発に携わる人々が多い，タイガの樹木が切られて動物の住むところや木の育たない湿地が増える問題も生じている

③ 温暖な土地に暮らす人々

①温暖で四季がある温帯の様子

・温帯：年間を通して温暖で適度に雨が降る，ヨーロッパや日本の広い範囲がふくまれる

・地中海周辺などで見られる地中海性気候…冬に雨が多く降る，夏は雨がが少なく乾燥

19

②イタリアでの暮らしの知恵

　　住居：かべは石で，窓は小さく，外側に木で作られたとびらが付いている

　　衣服：日本とほとんど同じ，夏は帽子やサングラスをつけて外出する

　　食事：暑く乾燥した気候に適したぶどうやオリーブ，トマトを使った料理

③暮らしの変化と伝統の保存

・イタリアにはローマやフィレンツェなど歴史のある都市が多く，古い町
　並みの保存のため大規模な建物は多くが郊外に造られる

・大都市に暮らす人を中心に食生活が変化する一方で慣れ親しんだ地元の
　料理を大切にしている人々も→地域の食材や食文化を守る取り組み

4 乾燥した土地に暮らす人々

①雨の少ない乾燥帯の様子

・乾燥帯：雨が少なく乾燥している地域…アフリカ北部やアラビア半島，
　ユーラシア大陸の内陸部など

・砂漠では水がとても貴重，わき水や井戸があるオアシスに人々が集まる

・サヘル：アフリカ北部にあるサハラ砂漠の南に広がる地域で，少量なが
　ら雨が降るためわずかな木や草が生える

②サヘルでの暮らしの知恵

　　住居：日干しれんがの家，遊牧する人々は布と木で作るテントで生活

　　衣服：一年中暑く，日差しが強い→たけが長く風通しのいい服装

　　食事：6月から9月の雨が降る時期に，ひえやもろこしといった穀物を
　　　　　作り，もちのようにしたり，おかゆにしたりする／ヨーグルトやバター

・焼畑農業：切りはらった樹木を燃やしてできた灰を肥料として利用する

③サヘルでの暮らしの変化と砂漠化

・これまで：少ない雨にたよった農業や遊牧→現在：農作業がない時期に
　都市部に出かせぎに行ったり，やぎや羊の乳製品を町で売ったりする

・砂漠化：土地がやせて草も育たない状態になること…土地を休ませずに

超重要 温帯の地中海性気候は，夏に高温・乾燥し，冬に雨が多い

20

耕作や放牧を続けたり，たきぎなどを切りすぎたりしていることが原因
→ため池や用水路を造ったり，植物を保護する地域を設けたりしている

5 常夏の島で暮らす人々

①一年中暑い熱帯の様子

・熱帯：年間を通して暑く季節による気温の変化がほとんどない

・熱帯雨林：赤道付近に広がる，樹木の高さが50mにもなる森林，多種多様で色彩豊かな動物や植物が見られる

・河口や入り江の周辺にはマングローブが広がり，沿岸の浅い海にはさんご礁が見られる

②サモアでの暮らしの知恵

・南太平洋の島国サモアの人々…自給自足に近い生活をしている

　住居：木の支柱とやしの葉などで造られた屋根，かべはない

　衣服：男女ともに大きな布を腰に巻いたスカートとTシャツ，サンダル

　食事：家の周りで主食のタロいも，ココやし，バナナを栽培し，調理する

③伝統的な暮らしの変化と観光開発

・生活の変化：かべのある家，コンクリート製の支柱と金属製の屋根，輸入食品や電化製品の登場，他国に出かせぎ

・豊かな自然を生かした観光関連の仕事をする人も増えている

・伝統的な文化や自然と持続可能な開発との両立が課題

6 標高の高い土地に暮らす人々

①標高が高い高山気候の様子

・高山気候：同じ緯度の標高が低い地域よりも，高山地域では気温が低くなる→アンデス山脈中央部の標高4000mほどの高地は，昼は暖かいが，夜は気温が0℃以下になる日もある

↑ペルー中部のアンデス山脈の標高と土地利用（山本紀夫「ジャガイモのきた道」ほか）

②ペルーの高地での暮らしの知恵

・ペルーの人々…標高差を利用した暮らし，リャマやアルパカとの生活

住居：標高4000m付近にあり，日干しれんがや石で造られている

衣服：放牧しているアルパカの毛をポンチョに加工して着用，物を運ぶ
　　　時にはリャマを使う

食事：住居より低い標高で栽培できるじゃがいもやとうもろこしを食べる

③アンデス山脈の高地での暮らしの変化

・道路の整備が進んだことで人や物の行き来が活発に→町で売るための商品
作物を作る人や都市に移り住む人も増えている

・外国からの観光客の増加→伝統的な暮らしをはなれ，観光に関わる仕事
で生活する人々も増えている

7 世界に見られるさまざまな気候

・世界は気温と降水量によって五つの「気候帯」に分けられる

・それぞれの気候帯は，寒さや乾燥の程度，季節ごとの気温の変化や雨の
降り方により，さらに細かい「気候区」に分けられる

①寒帯…一年の大半が雪や氷でおおわれ，寒さが厳しい

　　・ツンドラ気候：イヌイットが住み，夏にわずかに草やこけが育つ

　　・氷雪気候：一年中雪や氷におおわれている…グリーンランドの大部分や南極

②冷帯(亜寒帯)…冬はとても厳しい寒さになるが，夏は気温が上昇するた
め針葉樹の森林が育つ

　　・ユーラシア大陸や北アメリカ大陸の北部に広く見られる気候

③温帯…温暖で季節の変化がはっきりしている

　　・温暖湿潤気候：雨が多く，季節による気温や降水量の変化が大きい

　　・地中海性気候：夏に乾燥し，冬に雨が降る

　　・西岸海洋性気候：緯度が高いわりに寒くなく一年を通し雨が降る

④乾燥帯…オアシス以外では植物がほとんど育たない

　　・砂漠気候：一年を通して雨がとても少ない

　　・ステップ気候：わずかに雨が降る季節があり，わずかに樹木をふくんだ，

超重要 世界の三大宗教は，仏教，キリスト教，イスラム教である

たけの短い草原が広がる

⑤**熱帯**…一年を通して気温が高い

- ・熱帯雨林気候：一年中雨が降り，うっそうとした森林が広がる
- ・サバナ気候：雨の少ない季節（乾季）と雨が降る季節（雨季）とがはっきりしていて，まばらな樹木とたけの長い草原が広がる
- ・高山気候…周辺の標高が低い地域よりも気温が低くなる

8 人々の生活に根付く宗教

①世界のさまざまな宗教

- ・世界的に広がっている三大宗教：仏教，キリスト教，イスラム教
- ・教典：仏教は「経」，キリスト教は「聖書」，イスラム教は「コーラン」
- ・特定の民族や地域に結び付いた宗教：ヒンドゥー教やユダヤ教など
- ・生活様式や，行事や祭り，考え方などにも大きな影響を与える→教えのちがいによって，宗教間で対立や争いが起こる場合もある

②人々の暮らしと宗教

- ・キリスト教…神へのいのりや聖書を読むことを大切にしている
- ・イスラム教…1日5回聖地のメッカに向かっていのり，一般的に飲酒や豚肉を食べることは禁止で，きまりを守った料理には「ハラル」というマークが付いている，寄付や断食など，日常生活の中のきまりを守って生活
- ・仏教…チベットから日本にかけて大乗仏教が，スリランカおよび東南アジアに上座部仏教が広がる
- ・ヒンドゥー教…インドの80％以上の人が信仰，牛肉を食べない，肉や魚を食べない教徒もいる，ガンジス川で沐浴する巡礼者も多い

関連用語

梅雨 東アジアだけに見られる気象現象で，毎年5月から7月ごろにかけて降水量が多くなる時期のこと。

タロいも 熱帯などの低湿地で栽培されるさといもに似たいも。

マングローブ 熱帯や亜熱帯の入り江や河口など，満潮時に海水におおわれる所に育ついろいろな常緑広葉樹。

標高 平均海面からの高さで，海抜高度ともいう。

ポンチョ アルパカの毛などで作られた先住民が着る貫頭衣のこと。

□カナダ北部に暮らし，漁業や，あざらしやカリブーの狩りをし，冬はイグルーに，夏はテントに住んだ人々を何というか。	イヌイット
□気温が0℃以下の期間が長く，一年の大部分を雪と氷におおわれている気候帯は何か。	寒帯
□冷帯(亜寒帯)に広がるもみやからまつなどの針葉樹の森林を何とよぶか。	タイガ
□冬の寒さがそれほど厳しくないシベリア南部の森林には，針葉樹の中に何の木が混じっているか。	広葉樹
□イタリアの多くの住居のかべは何で造られているか。	石
□日本の大部分や，イタリアのような温暖な地域の気候が属する気候帯は何か。	温帯
□夏は暑く乾燥し，冬に雨が多く降る，地中海の周りの地域に広がる気候区は何か。	地中海性気候
□アフリカ北部に広がる世界最大の砂漠は何か。	サハラ砂漠
□上の砂漠の南に接するわずかに木や草が生えた地域は何とよばれているか。	サヘル
□とても乾燥していて雨がほとんど降らない気候帯は何か。	乾燥帯
□樹木などを切りはらい，焼いてできた灰を肥料として活用する農業を何というか。	焼畑農業
□土地を休ませず耕作や放牧を続けたり，たきぎなどの切りすぎをしたりすることで，草も育たないやせた土地になることを何というか。	砂漠化
□砂漠で，自然のわき水などで水が得られる場所を何というか。	オアシス

□一年を通して気温が高く，季節の変化がほとんどない気候帯は何か。	熱帯
□上の気候帯にあるうっそうとした森林を何というか。	熱帯雨林
□熱帯の潮の満ち引きがある海岸に広がる森林のことを何というか。	マングローブ
□温かく浅い海にすむさんごの仲間の骨格などで，海面の近くまで積み重なってできた地形は何か。	さんご礁
□南アメリカにあるペルーは，何山脈の中央部にあるか。	アンデス山脈
□高山地域では，同緯度の標高が低い地域よりも気温が低くなる。このような特有の気候を何というか。	高山気候
□高地で寒さや風を防ぐためのポンチョは，何という動物の毛で作られることが多いか。	アルパカ
□寒帯のうち，一年中雪と氷におおわれている気候区は何か。	氷雪気候
□温帯のうち，ヨーロッパの大西洋沿岸など一年を通して雨の降る気候区は何か。	西岸海洋性気候
□乾燥帯のうち，樹木が一部にのみ見られ，たけの短い草原が広がっている気候区は何か。	ステップ気候
□熱帯のうち，乾季と雨季がはっきりしていて，まばらな樹木とたけの長い草原が広がる気候区は何か。	サバナ気候
□世界の三大宗教は，仏教とイスラム教と，何か。	キリスト教
□インドなどで，牛を神の使いとしている宗教は何か。	ヒンドゥー教
□イスラム教では，どんな動物に関連したものを一切食べないか。	豚
□イスラム教徒の生活全般の決まりや道徳が，アラビア語で書かれた教典は何か。	コーラン
□ヒンドゥー教の巡礼者が沐浴する聖なる川を何というか。	ガンジス川

●定期テスト対策問題●

① 次の気候帯の地図と雨温図を見て，あとの問いに答えなさい。

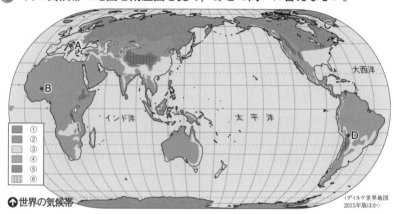

大西洋

インド洋　太平洋

① ② ③ ④ ⑤ ⑥

↑世界の気候帯

(ディルケ世界地図
2015年版ほか)

(1) 上の地図中の①〜⑥に当てはまる気候帯
名を，次のア〜カから一つずつ選び，記号
で答えなさい。

①（ オ ） ②（ イ ） ③（ ア ）

④（ カ ） ⑤（ ウ ） ⑥（ エ ）

ア 温帯　　　　イ 乾燥帯　　ウ 寒帯

エ 高山気候　　オ 熱帯

カ 冷帯（亜寒帯）

(2) 地図中のA〜Dの都市の雨温図を，右の
ア〜エから一つずつ選び，記号で答えなさ
い。　　　　　A（ エ ）　B（ ア ）

C（ イ ）　D（ ウ ）

(3) ①では河口や入り江などで，満潮時に海
水におおわれる場所に育つ植物がある。こ
のような常緑広葉樹を何というか。

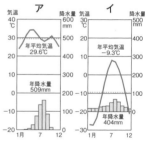

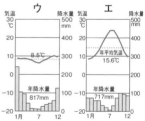

↑世界各地の気温と降水量

(『理科年表』平成30年ほか)

（ マングローブ ）

(4) ②の砂漠気候の地域では，地下水がわき出ている場所以外では，樹木はほとんど見られない。地下水がわき出ている場所を何というか。

（　オアシス　）

(5) ④では，もみやからまつの仲間の針葉樹で森林が形成されている。このような森林を何とよんでいるか。　　　　　　　　（　タイガ　）

❷ 次の地図を見て，あとの問いに答えなさい。

（「ディルケ世界地図」2015年版ほか）

⬆世界の宗教分布

(1) 上の地図中の①～④に当てはまる宗教を次の**ア**～**オ**から一つずつ選び，記号で答えなさい。①（　エ　）②（　ア　）③（　ウ　）④（　イ　）

　ア　キリスト教　　**イ**　ヒンドゥー教　　**ウ**　イスラム教
　エ　仏教　　　　　**オ**　儒教

(2) イスラム教の経典を何というか。　　　　　　　（　コーラン　）

(3) 仏教のうち，チベットから日本にかけて広がったものを何というか。

（　大乗仏教　）

(4) ヒンドゥー教徒が沐浴する「聖なる川」とよばれている川を何というか。

（　ガンジス川　）

(5) 次のうち，イスラム教の特徴をあげているものを二つ選び，記号で答えなさい。

　ア　牛肉を食べない。　　　**イ**　豚肉を食べない。　　**ウ**　断食を行う。

　エ　日曜日に教会へ行く。　　**オ**　聖地のバチカンに向かっているのる。

（　イ　）と（　ウ　）

1 アジア州
―急速な都市の成長と変化―

教科書　p.56～p.73

● 要点整理 ●

1 アジア州をながめて

①多様な自然環境

・気候：アジアの東部…半年ごとに風の向きが変わるモンスーンという季節風の影響を受ける→熱帯の南部や南東部でも雨季と乾季があり，内陸部は乾燥帯，北部のシベリアは寒帯や冷帯が広がる

・地形：「世界の屋根」といわれる8000mをこえる山々が連なるヒマラヤ山脈やチベット高原→そこから流れ出す長江や黄河，メコン川，ガンジス川，インダス川と，中・下流部に平野，アジア西部のアラビア半島や中央アジアに砂漠

②多彩な文化

・東アジアの文化：日本や朝鮮半島などは古くから中国の影響を受ける

・東南アジアの文化：中国やインドなどの影響が強い…銀行や商店などを営む中国系の人々（華人）から中国の文化，ゴム園などで働くインド系の人々からヒンドゥー教，香辛料などをあつかう西アジアの商人からイスラム教，スペインの植民地になったフィリピンを中心にキリスト教がそれぞれ広まった

・西アジアの文化：主にアラビア語を用い，イスラム教が信仰されている

③急速な経済成長と都市問題

・世界の約60％の人々が住む

・20世紀後半になると多くの都市で急速に人口が増加→住宅の不足や交通渋滞などの都市問題が発生する一方，経済成長により人々の収入が増えるなど，生活が大きく変化

超重要 季節風（モンスーン）は，半年ごとに風向きが変わる

でる!

❶アジアの自然の様子は覚えておこう。❷アジアの宗教の様子をつかんでおこう。❸アジアの工業化と都市化と，そこに発生している問題点は重要だよ。❹農業の様子もおさえよう。

② アジアNIES（ニーズ）の成長

①アジアNIESの産業の変化

・アジアNIES(新興工業経済地域)：大韓民国(韓国)，シンガポール，台湾，ホンコン(香港)がいち早く工業化に取り組む

・欧米や日本に，せんい製品や電子部品などを輸出→急成長

・シンガポールとホンコンは国際的な人とものの流れの中心地となっている

中国
18兆4593億円
			金属製品 3.3	輸送用機器 2.7
機械類 46.6%	衣類 10.5		その他 34.1	

せんい品 2.8

(台湾)
2兆8478億円
	プラスチック 3.9	金属製品 2.7
機械類 48.5%		その他 39.2

鉄鋼 3.0 — 精密機械 2.7

(ホンコン)
2046億円
機械類 5.5 — 精密機械 2.7
| その他 85.5 |

金 2.3
ダイヤモンド 4.0

韓国
3兆1527億円
		有機化合物 4.4
機械類 30.0%	10.7	鉄鋼 10.4	その他 40.2

石油製品 — プラスチック 4.3

シンガポール
9565億円
医薬品 — 有機化合物 5.8
| 機械類 38.1% | 11.7 | その他 31.3 |

精密機械 7.7 — 石油製品 5.4

[2017年]   0 20 40 60 80 100%

↑アジアの国・地域から日本への輸出品
(財務省「貿易統計」)

②輸出とともに成長した韓国

・韓国の産業：原料や燃料を輸入し，加工製品を輸出する，輸出中心の工業化を図った

・1960年代：せんい製品やはき物などの軽工業製品の輸出が中心

・1970年代：鉄鋼，石油化学などの重化学工業が南東部の沿岸で発展

・1990年代以降：ハイテク産業が急成長，首都ソウルを中心に生産が増加

③ハイテク産業が発展する台湾

・台湾は，コンピューターや半導体などのハイテク産業が盛んな地域

・きっかけ：アメリカで働いていた人が台湾でおこした新しい企業

・世界各地の注文を受ける，大規模な半導体の工場が集まる

④過密が進むアジアNIESの都市

・都市中心部のせまい土地に人口が集中→住宅が不足して土地の値段(地価)が高くなるなどの問題が起きている→郊外にニュータウンを開発し，

中心部とを結ぶ鉄道を整備して過密解消に取り組む

3 巨大な人口が支える中国

①巨大な人口がもたらす発展

- 中国の人口：約14億人（2018年），主に東部の平野に集中している
- 中国人の約90％が漢族，ほかの少数民族は主に西部に
- 農業が盛んな東部の平野
  - 稲作や茶の栽培：長江流域の華中やチュー川（珠江）流域の華南
  - 小麦や大豆などの畑作：黄河（ホワンホー）流域の華北や東北地方
- 牧畜：農作物が育ちにくい西部
- 1970年代末までの農業と工業…政府の計画で行われていたが，発展につながらず→1980年代から改革に着手した
- 経済特区：沿岸部のシェンチェン（深圳）やアモイ（厦門）などに外国企業を受け入れるために設けられた
  - シャンハイ（上海）やティエンチン（天津）などに外国企業との共同経営工場を造る→工業化を進めた
  - 中国は「世界の工場」となる…安くて豊富な労働力を活用→輸出の増大

②進む都市化と環境問題

- 急速な都市化に環境対策が追いつかず，深刻な環境問題が起こる
- 中国政府は工場への規制を強めるなど，環境対策に力を入れている

③格差の拡大と内陸部の開発

- 沿岸部と内陸部の格差の拡大：沿岸部の都市の成長，内陸部の農村

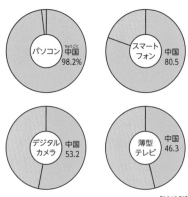

[2015年]

↑主な電子機器の生産に占める中国の割合
（電子情報技術産業協会資料）

超重要 中国では，沿岸部と内陸部の経済格差をなくすため，西部大開発を行っている

の工業化の後れ→収入が少ない人々→都市への出かせぎが多数→大きな問題
・西部大開発：地域格差をなくすために，内陸部の大規模な開発を開始

4 都市化が進む東南アジア

①農村の暮らしの変化

・季節風（モンスーン）の影響を受けて降水量が多い→大河の流域の平野などで稲作が盛ん，年に2回収穫する二期作を行う地域もある

・植民地時代に天然ゴムやコーヒーなどの大農園（プランテーション）が造られる

・タイやインドネシアなどのマングローブの広がる海岸…日本への輸出用のえびの養殖場へ，フィリピンではバナナ農園が開発された

・栽培する農地の開発で森林が減少する問題が起こっている

マレーシア

1980年 129億ドル					
石油 23.8%	天然ゴム 16.4	機械類 10.7	木材 9.3	パーム油 8.9	その他 30.9

2017年 2164億ドル			
機械類 42.3%	石油製品 7.4	天然ガス 4.3 パーム油 4.5	その他 41.5

タイ

1980年 65億ドル					
米 14.7%	野菜 11.5	すず 9.3	天然ゴム 8.5	機械類 6.0	その他 50.0

2016年 2136億ドル			
機械類 31.4%	自動車 12.8	プラスチック 4.2	その他 51.6

インドネシア

1980年 219億ドル			
石油 53.3%	木材 13.2	天然ガス 7.1 天然ガス 5.4	その他 15.6

2017年 1688億ドル				
石炭 12.1%	パーム油 11.0	機械類 8.6	衣類 4.9	その他 54.2
天然ガス 5.2		石油製品 5.4	自動車 4.0	

0　20　40　60　80　100%

⬆東南アジアの主な国の輸出品の変化

（国連資料ほか）

②外国企業の進出と工業化

・タイやマレーシア，インドネシアなど…外国の企業を積極的に受け入れることで工業化を進めた

・東南アジア諸国連合（ASEAN）…東南アジアのほとんどの国が加盟し，結び付きを強めている→工業製品は，日本をはじめ世界各地へ輸出

③急速な都市化と課題

・都市部と農村の収入格差の拡大

・1960年代から東南アジアの都市で人口が急増：農村からの人口流入→生活環境の悪いスラムとよばれる住宅地，激しい交通渋滞などのさまざまな都市問題の発生

5 急速に成長する南アジア

①南アジアの人々の生活

・南アジアの国々：ヒンドゥー教徒が多く，インドでは約80％をしめる

・パキスタンやバングラデシュではイスラム教徒，スリランカでは仏教徒が多い

・穀倉地帯である北部の平野：降水量の多いガンジス川下流部では稲作，少ない上流部では小麦の栽培が盛ん

②人口増加が続く南アジア

・南アジアの人口：北部の平野や南部の沿岸に集中

・インドの人口：約13.5億人(2018年)，2022年ごろには中国をぬいて人口が世界一になると予測されている

・人口増加による食料やエネルギー源の不足

・穀物の生産量を増やして自給率を高める努力

・インドは再生可能エネルギーの利用や省エネルギーの普及にも取り組む

③変化する産業と都市の生活

・1990年代の経済政策により外国企業の受け入れを活発化

・日本の企業もインドに自動車などの工場を建設

・インドの急速な発展を支えているもの＝英語や数学の教育水準の高さ

・アメリカなどで働いた経験者のインドへの帰国→インド南部のベンガルールを中心としたICT(情報通信技術)産業で活躍

6 資源が豊富な西アジア・中央アジア

①イスラム教徒が多い西アジア

・西アジアの国々：アラビア語を使うアラブ系の人々が暮らす国が多く，人口の大半がイスラム教徒→教典の「コーラン」に従って生活をしている

　・日常生活：豚肉を食べたり，飲酒したりすることは禁じられている

②資源が豊富な西アジア

超重要 西アジアの大半でアラビア語が使われ，大多数がイスラム教徒

- 西アジアでは石油の産出量が多く，輸出額の大部分を石油がしめる
- 西アジア諸国：石油輸出国機構(OPEC)などを通して結び付いている
- 産油国は，石油で得た資金で，石油化学工業の発展や，近代的なかんがい施設，道路の整備などを行っている
- 乾燥帯地域で海水を淡水に変える工場の造設→家庭への水の配布など

③注目される中央アジア

- 中央アジア：大部分が乾燥帯で，人々の多くはイスラム教徒
- 豊富な鉱産資源：石炭や石油，天然ガス，レアメタルがとれる→輸出で経済が成長している国では，都市の発展が見られる

④安全で先進的な都市への課題

- 先進的な都市を新たに建設…豊富な資金とほかのアジア諸国からの出かせぎ労働者を使用
- 資源に限りがあるので，再生可能エネルギーや人工知能(AI)を駆使した持続可能な都市づくりを目指す
- 戦争や内戦で破壊され，安全がおびやかされている都市もある→平和な都市の再建や安全な生活の確保が求められる

━━━━ もっと地理 **イスラム教と人々の暮らし** 教科書 p.70 ━━━━

①イスラム教徒の生活

- コーラン：イスラム教の開祖ムハンマドがイスラム教の神アッラーから受けた教えがまとめられた教典
- イスラム暦の9月(ラマダン)：日の出から日没まで一切の飲食をしない断食などを行い，神への服従を示す

②地域によって異なる決まり

- 女性のはだや髪の毛をかくすかどうか，飲酒など，イスラム教徒の生活は地域によってさまざま…「コーラン」の解釈が異なるため

③求められるイスラム教への正しい理解

- イスラム過激派とよばれる一部の人々のテロリズムから，誤ったイメージを持っている人がいる→正しい理解が求められる

□アジアの中央部は，8000mをこえる山々が連なるヒ | 世界の屋根
マラヤ山脈やチベット高原があることから何とよば
れているか。

□アジア東部では，半年ごとに向きを変える季節風の | モンスーン
影響(えいきょう)により，四季がはっきりしている。この季節風
とは何か。

□アジアの北部に位置するシベリアで見られる気候帯 | 冷帯(亜(あ)寒帯)
は寒帯と何か。

□東アジアの文化は，漢字をはじめ，古くからどこの | 中国(ちゅうごく)
国の影響を受けていたか。

□東南アジアで，商業や金融(きんゆう)業などを営んで中国の文 | 華人(かじん)
化を広めた中国系の人々を何とよぶか。

□東南アジアのゴム園などで働くインド系の人々がも | ヒンドゥー教
たらした宗教は何か。

□スペインやアメリカの植民地になった影響で，キリ | フィリピン
スト教が広まった東南アジアの国はどこか。

□西アジアで，主に使われている言語は何か。 | アラビア語

□西アジアの人口の大半が信仰している宗教は何か。 | イスラム教

□アジアには，世界の人口の約何%の人々が住んでい | 約60%
るか。

□韓国(かんこく)や台湾(たいわん)，ホンコン，シンガポールは，いち早く | アジアNIES(新(ニーズ)
工業化に取り組み急速に成長し，何とよばれるよう | 興工業経済地域)
になったか。

□台湾や韓国で盛(さか)んな，コンピューターや半導体など | ハイテク(先端
を生産する産業を何というか。 | 技術)産業

□中国の長江(ちょうこう)(チャンチアン)流域の華中やチュー川(珠江)(しゅこう)(チューチアン)流域の華南(かなん) | 稲作(いなさく)

34

で盛んな農業は，茶の栽培と何か。

□中国で小麦や大豆などの畑作が盛んなのは，東北地方と黄河（ホワンホー）流域のどこか。　　　　華北

□中国の人口は2018年時点で何人か。　　　　約14億人

□1980年代から中国のシェンチェンやアモイなどに，外国企業を受け入れる地域が設けられた。この地域を何というか。　　　　経済特区

□中国政府が，内陸部と沿岸部の地域格差をなくすためにかかげた政策を何というか。　　　　西部大開発

□東南アジアで，タイやマレーシア，インドネシアなどが加盟している経済などの地域協力を目的とした組織を何というか。　　　　東南アジア諸国連合（ASEAN）

□ある国や地域の人口を，その国や地域の面積で割ったものを何というか。　　　　人口密度

□同じ土地で，年に2回米など同じ作物を作ることを何というか。　　　　二期作

□マレーシアやインドネシアなどで，天然ゴムやコーヒーなどを大規模に栽培するために，植民地時代に造られた大農園を何というか。　　　　プランテーション

□マレーシアの輸出品で最も多いものは何か。　　　　機械類

□西アジアで多く産出される，輸出額の大部分を占める資源を何というか。　　　　石油

□西アジアのほとんどの人々が信仰するイスラム教の教典は何か。　　　　コーラン

□東南アジアの都市でみられる，生活環境の悪い住宅地を何というか。　　　　スラム

□インド南部のベンガルールは何の産業の中心地か。　　　　ICT（情報通信技術）産業

2 ヨーロッパ州
—国どうしの統合による変化—

● **要点整理** ●

1 ヨーロッパ州をながめて

①温暖な気候と広い平野

・気候：日本より高緯度だが，気候は大陸東部に位置する同
緯度の地域より冬が温暖…暖流の北大西洋海流と偏西風が
寒さを和らげるため

・地中海沿岸でオリーブや小麦の栽培，
北部やアルプス山脈では牛や羊など
の飼育

・フランスやドイツなどでは小麦やラ
イ麦の栽培

・地形：中央の平野にライン川のよう
な大河川，南部にアルプス山脈など
の大きな山脈，北部の沿岸部にフィ
ヨルドとよばれる奥行きのある湾

北大西洋海流と偏西風

1月の平均気温
■ 10℃以上
□ 0〜10℃
□ −10〜0℃
□ −10℃以下

1000km

…[ディルケ世界地図] 2015年版

②多様な民族と共通の文化

・民族を基に国が成立，民族は使う言語によって大まかに分けられるが，
大部分は基になっている言語が共通→表現に共通性がある例も多い

・キリスト教…広く信仰され，日常生活にも深く関係

・アジアやアフリカからの移住→イスラム教の信者も増加

③統合するヨーロッパ

・20世紀後半から経済や政治の面での統合が進む→1993年（平成5年）にEU
（ヨーロッパ連合）が成立

超重要 農業は，地中海式農業，混合農業，酪農と三つに分かれる

でる！ ❶ヨーロッパの自然の様子は覚えておこう。❷ヨーロッパの農業の様子は重要だよ。❸ヨーロッパの言語や宗教の様子をつかんでおこう。❹発展するEUの様子とかかえている課題に注目しておこう。

・2020年6月現在の加盟国は27か国，人口は約5億人（2017年）

② ヨーロッパ統合の動き

①国境をこえた統合の動き

・近代的な工業：18世紀から，イギリスやフランス，ドイツなどで鉄鋼業や機械工業が発展

・20世紀以降，アメリカやソ連が発展→ヨーロッパは対抗する必要性

・第二次世界大戦後，国をまたがる石炭や鉄鉱石の共同利用など，経済的な協力が始まる

　　・背景…ヨーロッパ諸国がこれ以上戦争を起こさないようにするため

・1967年に発足したヨーロッパ共同体（EC）は1993年にヨーロッパ連合（EU）へ発展…政治的・経済的統合へ

・2002年には共通通貨のユーロが導入

②ヨーロッパの統合と産業

・航空機：フランス，イギリス，ドイツなどの国々で共同で企業を設立して技術協力

・EU加盟国間では貿易品に関税がかからない→地価や賃金の安い東ヨーロッパなどへの工場移転も増えている

③ヨーロッパの統合と人々の生活

・多くのEU加盟国間…国境でのパスポートの検査がなく自由に通過できる→国境をこえて通勤や買い物をする人たちが多く見られる

・ヨーロッパでは多くの人々がバカンスに出かける…地中海沿岸やアルプス山脈が人気の目的地

・週末に国境をこえて旅行する人も多い

・ヨーロッパでは観光が重要な産業

- 交通網の整備：ロンドンとパリを結ぶユーロスターなどの高速鉄道，高速道路，航空路線も充実→外国への移動が便利，効率的な輸出入にも役立っている

3 持続可能な社会に向けて

①ヨーロッパの環境問題

- 19世紀以降工業の発展による河川や大気が汚染される問題が発生
- 酸性雨の原因になる物質が広がる→国境をこえた広い範囲で深刻な被害
- 異常気象による災害

②環境問題への取り組み

- 持続可能な社会を目指す取り組みが行われている
- 汚染や酸性雨，地球温暖化などは，国境をこえた協力体制が必要
- EU諸国の共同での対策…ライン川のような国際河川の汚染は汚水処理施設の設置や工場排水の規制などで水質が改善の方向へ
- 火力や原子力にかわる，風力などの再生可能エネルギーを利用した発電
- 日常生活…ゴミの分別，電化製品のリサイクル
- パークアンドライド：都市郊外に住む人が都市中心部に行く時，最寄り駅に駐車し，そこから列車などで通勤・通学すること，市街中心地の交通渋滞と大気汚染問題への対策

③持続可能な社会を目指した観光や農業

- ヨーロッパの農村…畑や森林の景色を見ての散策や，地元の食物を楽しむルーラル・ツーリズムが盛ん→農業や農村を持続する取り組みが重視されている
- 国立公園などで自然を学習しながら楽しむエコツーリズムも人気

4 EUがかかえる課題

①格差をかかえるEU

- 課題の一つは経済格差：一人あたりの国民総所得（GNI）が加盟国間で10

超重要 EUの課題の一つは加盟国間にある経済格差

倍以上の差→ギリシャやスペインの経済危機で，経済格差が拡大へ
- EUは，所得が低いなどの問題をかかえている国に，多くの補助金を支給
- 加盟国の増加→意見の調整・決定までに時間がかかる，EUの権限が強く加盟国独自の考えが反映されにくい，補助金の負担をめぐる対立など

②ヨーロッパの産業の変化と課題
- イギリスやドイツなどの西ヨーロッパ…1970年代以降の鉄鋼業などの競争力が弱まる→1980年代以降，ハイテク産業が成長
- EUの地域内では人々の移動が比較的自由→EUの東部や南部からドイツやイギリスといった賃金の高い国に外国人労働者が増えている
- 植民地だった国からの移民が多い国もある
- 移民難民への対応が深刻な問題

━ もっと地理 **アジアとヨーロッパとにまたがるロシア** 教科書 p.84 ━

①多様な自然環境と民族
- ロシア連邦：ウラル山脈をはさみアジアとヨーロッパに広がる国
- 人口…約1億4,000万人(2017年)，多くは首都モスクワを中心にした西部に集中，言語…ロシア語話者が大多数
- スラブ系ロシア人が約8割を占める多民族国家，キリスト教正教会中心
- 日本との関係→貿易や文化交流が盛んだが，北方領土をめぐる問題が存在

②豊富な資源を生かした産業
- ソビエト社会主義共和国連邦(ソ連)時代はコンビナートとよばれる工業地域が発達→ソ連解体後は自由な経済の仕組みを取り入れたが，地域間格差が出現し課題に
- 農業は南西部に広がる肥えた土地で，小麦などの穀物栽培が盛ん
- 国土の中央部にはタイガとよばれる広大な針葉樹の森林→木材資源

③アジアとヨーロッパとをつなぐ交通と物流
- シベリア鉄道→ロシアを東西に横断，東アジア・ヨーロッパ間貨物輸送
- パイプライン→石油・天然ガスをEU諸国に送る
- 北極海航路→地球温暖化の影響で，南回り航路よりも短いため夏に利用

□中緯度にある高気圧帯から高緯度に向かってふく西寄りの風を何というか。	偏西風
□ヨーロッパの気候が，大陸東部に比べると温暖なのは，偏西風と何という暖流の影響によるか。	北大西洋海流
□ヨーロッパ南部にある大きな山脈は何か。	アルプス山脈
□かつて氷河の侵食でできたU字形の谷に，海面の上昇によって海水が入りこんでできた，細長く奥行きのある湾を何というか。	フィヨルド
□地中海沿岸で盛んに生産されている，実が食用油の原料になる果物は何か。	オリーブ
□18世紀以降イギリスやフランスなどを中心に，鉄鋼業や機械工業などが発達した。産業革命以降に発展した工業を何というか。	近代的な工業
□近年，ヨーロッパに移住してきたアフリカやトルコなどの人々によって信仰されている宗教は何か。	イスラム教
□1967年に発足したヨーロッパ共同体(EC)を発展させて，1993年にEUが発足した。このEUの日本語名は何か。	ヨーロッパ連合
□2017年時点でのEUの人口は約何人か。	約5億人
□EUが導入した共通通貨は何か。	ユーロ
□パリとロンドンを結んでいる高速鉄道列車を何というか。	ユーロスター
□EU加盟国間で貿易品にかからないものは何か。	関税
□硫黄酸化物や窒素酸化物が，大気中で硫酸や硝酸などの強い酸性物質に変化し，雨などにとけて降り注ぐ。この酸性の強い雨を何というか。	酸性雨

□西ヨーロッパでは, 鉄鋼業などの国際的な競争力が低下する一方で, 1980年代以降, ある産業が大きく成長した。この産業は何か。	ハイテク(先端技術)産業
□ドイツやイギリスなどの賃金の高い国にEU東部や南部から集まる労働者を何というか。	外国人労働者
□ライン川のように国際条約により航行の自由が認められている河川で, 数か国の国境となったり, 数か国を貫流したりする河川を何というか。	国際河川
□郊外に住む人々が最寄りの鉄道駅に駐車し, 都市の中心部へ通勤・通学することを何というか。	パークアンドライド
□全発電量にしめる再生可能エネルギーの割合が最も高い国はどこか。	デンマーク
□農村で, 畑や森林の風景を見ながら散策したり, 地元の食物を楽しんだりすることを何というか。	ルーラル・ツーリズム
□国立公園などで自然を学習しながら楽しむ観光を何というか。	エコツーリズム
□国内総生産(GDP)に, 海外での国民の所得金額を加え, さらに国内での国民以外の所得を差し引いたものを何というか。	国民総所得(GNI)
□ロシア連邦から石油や天然ガスがEU諸国に直接送られている。何を使って送られているか。	パイプライン
□ロシア連邦は何山脈を境界にしてアジア州とヨーロッパ州に広がっているか。	ウラル山脈
□ロシア連邦の首都はどこか。	モスクワ
□ロシア連邦に暮らす人々の多くをしめているのは, 何系ロシア人か。	スラブ系ロシア人
□夏に, アジア・ヨーロッパ間の貿易に利用することが多い航路は何か。	北極海航路

3 アフリカ州
―国際的な支援からの自立に向けて―

● 要点整理 ●

1 アフリカ州をながめて

①広大な砂漠が広がるアフリカ

・気候：赤道付近が熱帯，そこから南と北に向かって乾燥帯から温帯へ

・地形：大陸北部…サハラ砂漠，砂漠の東にナイル川

　　　　大陸東部…キリマンジャロ山，標高の高いエチオピア高原(高山気候)

②サハラ砂漠の北と南

・宗教：サハラ砂漠とその北ではイスラム教，南ではイスラム教や伝統的な宗教などを信仰

③アフリカの歩み

・16世紀以降，ヨーロッパ人が人々を奴隷としてアメリカ大陸へ送る

・19世紀末，大部分がヨーロッパの植民地に
→1950年代以降独立

・独立後は農産物や鉱産資源を輸出，産業発展は後れており他国から経済的援助を受ける

▲分割されたアフリカ(1914年当時)
エチオピアとリベリアは独立を保持，南アフリカ連邦はイギリスの自治領

2 アフリカの産業と新たな開発

①世界に輸出されるカカオ

・世界的なカカオの生産地：ギニア湾岸のコートジボワールやガーナ

②プランテーション農業と農牧業

・プランテーション農業：カカオ，コーヒー，茶など特定の農作物を栽培

・遊牧：乾燥帯で，移動しながらやぎや羊を飼育

③豊富な鉱産資源

超重要 モノカルチャー経済は，限られた作物や鉱産資源の輸出で成り立っている

でる！❶アフリカの自然と宗教について覚えておこう。❷アフリカの農業と鉱業の様子をつかみ，そこでかかえている経済的問題をおさえておこう。❸アフリカで進む都市化と発展の課題をつかんでおこう。

・銅や金など鉱産資源が豊富，20世紀にはレアメタルや石油が注目される

④アフリカの産業の仕組み

・モノカルチャー経済：少ない種類の農作物や鉱産資源の輸出で成り立つ経済→世界の状況に影響されやすく，収入の不安定さが課題

３ 発展に向けた課題

①民族分布と国境

・多数の民族が暮らし，独自の言語を持つが，現在でも植民地時代の旧本国の言語を公用語としている国が多い

・内戦で難民の問題も発生→先進国や非政府組織（NGO）が解決に取り組む

②進む都市化と人口増加

・スラム：安い賃金で働く人の簡単な造りの家が集まった居住地区

・人口増加→砂漠化などによる食料不足→病気への抵抗力が足りず死亡，農地の拡大で森林などの減少→野生の動植物の減少

③発展への課題

・アフリカ連合（AU）：2002年に発足，EUをモデルに，地域の統合を目指す

・日本の政府やNGOが資金や技術を援助

━━━━━ もっと地理 情報化がアフリカ社会を変える 教科書 p.96

①急速に普及するスマートフォン

・1990年代半ばから無線の携帯電話が増加→現在では多機能なスマートフォンがアフリカなど発展途上国で急速に普及

②アフリカで成長するICT産業

・モバイル革命→情報化の進展で，金融・医療分野に活用，生活改善進む

③変化する人々の生活

・電子マネーシステム普及→銀行口座やクレジットカードなく支払い可能

・スマートフォンは，農業情報や病気対策情報の重要な提供手段に

要点チェック

□アフリカは何という海洋をはさんでヨーロッパの南に位置しているか。	地中海
□アフリカの赤道付近は何という気候帯か。	熱帯
□赤道付近を中心にして北と南に向かうと何という気候帯になるか。	乾燥帯
□ケニアとタンザニアの国境にそびえ立つ，アフリカ一高い山は何か。	キリマンジャロ山
□標高2000m以上ある，アフリカ東部のエチオピア高原の気候帯は何か。	高山気候
□コンゴ盆地の外側の南と北の地域に広がっている，まばらな樹木のある草原を何というか。	サバナ
□アフリカ北部に広がる世界最大の砂漠は何か。	サハラ砂漠
□世界最大の砂漠の東を流れている世界最長の河川は何か。	ナイル川
□アフリカ南部には，標高1000m以上の何が広がっているか。	高原(や丘陵)
□16世紀以降，北アメリカや南アメリカにアフリカの人々を奴隷として連れ去ったのは何人か。	ヨーロッパ人
□19世紀末にはアフリカのほぼ全域がヨーロッパの植民地になったが，植民地とならなかった，アフリカ東部の国はどこか。	エチオピア
□国家が公に使うことを認めている言語を何というか。	公用語
□サハラ砂漠やその北部で，主に信仰されている宗教は何か。	イスラム教
□植民地時代の影響で広がっている宗教は何か。	キリスト教
□アフリカの主な産業は，農業と，豊富な資源を基に	鉱業

した何か。

□チョコレートの主な原料になる作物カカオの世界的
産地は，ギニア湾岸のガーナとどこの国か。　コートジボワール

□植民地時代のアフリカで，ヨーロッパ人が現地の人々
を働かせ，特定の作物だけを栽培し，ヨーロッパに
輸出していた農業を何というか。　プランテーション
農業

□乾燥帯では，移動しながらやぎや羊を飼育している。
これを何というか。　遊牧

□アフリカで石油が多く産出されるのは，どこの国と
北アフリカ諸国か。　ナイジェリア

□コバルトなど，最新の電子機器に使われている希少
金属のカタカナの呼び名は何か。　レアメタル

□アフリカで工業が発達しているのはどこの国か。　南アフリカ共和国

□限られた作物や資源の生産と輸出によって成り立つ
経済を何経済というか。　モノカルチャー
経済

□賃金が安い労働者が住む簡単な造りの住居が集まっ
てできた居住地区は，何とよばれているか。　スラム

□アフリカで，EUを参考にして地域統合を目指す組
織が，2002年に結成された。その組織名は何か。　アフリカ連合
（AU）

□国際連合などの国際機関と協力関係にある政府以外
の組織を何というか。　非政府組織
（NGO）

□自然環境や歴史，文化などを観光資源とし，その観
光資源を損なうことなく，体験したり観光したりす
る観光の在り方とは何か。　エコツーリズム

□先進国などの通信事業者がアフリカに進出し情報化
が進んだことで，金融や医療などの分野での産業の
発展や人々の生活改善が始まっていることを何とい
うか。　モバイル革命

● 要点整理 ●

1 北アメリカ州をながめて

①多様な自然環境

- 気候：北に行くほど冷涼になる，ハリケーンにより大陸南東部，西インド諸島は大きな被害を受ける
- 地形：ロッキー山脈，ミシシッピ川などの大河，広大な平原が広がる
- 北アメリカ州…北アメリカ大陸と西インド諸島で構成
- アメリカやカナダの国土…日本の約26倍の広さ

②多様な人々と文化

- もともとは先住民が住んでいたが，17世紀以降ヨーロッパからの移民が先住民の土地をうばい，開拓を行い，文化を持ちこむ
- 言語：アメリカやカナダでは主に英語，そのほかではスペイン語を使う
- 宗教：多くの人がキリスト教を信仰
- アフリカの人々が奴隷として連れてこられた→労働力を補う目的
- 現在では多様な人々が住む

③移動する人々

- アメリカの企業…進出した地域の経済や社会に大きな影響を与える
- 北米自由貿易協定（NAFTA）：アメリカ・カナダ・メキシコ間の貿易協定
- ヒスパニック：メキシコや中央アメリカ，西インド諸島から移住した人々→アメリカの経済を支えている

2 巨大な農業生産力と移民

①世界の食料庫

- アメリカ…世界有数の農業国，とうもろこしや小麦，大豆を大量に輸出

超重要 アメリカの農業の特色は適地適作と企業的な農業

46

・適地適作：地域ごとに気温や降水量，土の質などがちがうため，それぞれの環境(かんきょう)に適した農作物を栽培(さいばい)→とうもろこし，小麦，大豆，肉類など

②農牧場に進出する企業経営

・アメリカの農業の基本的な単位：家族経営→移民を受け入れて発展

・企業的な農業…少ない労働力で広い面積を経営するために行われている

・生産量を増やす努力：バイオテクノロジーでの新種の種子づくりなど

・メキシコや中央アメリカ，西インド諸島に進出→プランテーションや鉄道を経営

③高い収入を求めて移動する人々

・大規模で企業的な農業が重要に→家族経営の農場が減少へ

・高い収入を求めて，メキシコを中心に多くの人々がアメリカに移住→農業労働者として重要な役割

❸ 巨大な工業生産力

①アメリカの工業の変化

・鉄鉱石・石炭などを活用し，19世紀から五大湖(こだいこ)周辺の都市で工業が発展，ピッツバーグは鉄鋼業，デトロイトは自動車工業の中心地になる

・自動車の大量生産方式…ほかの工業製品にも広がる

・重工業の発展により，アメリカは経済的に最も豊かな国になった

・20世紀後半，日本やドイツから安くて質の良い鉄鋼や自動車などの工業製品を輸入→大きな打撃(だげき)→五大湖周辺の工業の衰退(すいたい)

②情報化と新しい工業の発展

・コンピューターなどの先端(せんたん)技術…アメリカの工業は，バイオテクノロジーなどの分野で世界をリード

・ICT(情報通信技術)の発達とコンピューターの普及で社会が変化→鉄鋼

や機械を作る工業の重要性の低下

・北緯37度付近から南に位置するサンベルト：コンピューターやインターネット関連のICT産業が発達→カリフォルニア州のサンフランシスコの南のシリコンバレーにICT関連企業が集中

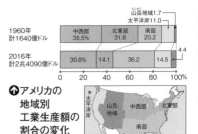

↑アメリカの地域別工業生産額の割合の変化
（アメリカ国勢調査局資料）

1960年 計1640億ドル	中西部 35.5%	北東部 31.6	南部 20.2	山岳地域1.7 太平洋岸11.0
2016年 計2兆4090億ドル	30.8%	14.1	36.2	14.5　4.4

・サンベルトの工業地帯では，航空宇宙産業も発達している

③低賃金の地域に移動する工業生産

・低賃金の労働者で安く生産するために，メキシコや中央アメリカ，西インド諸島の国々に工場を移す企業もある

・北アメリカには，経済力の異なる国々があり，工場や労働者の移動で密接に結び付いている

4 新しい産業と生活文化

①産業の変化と移民

・19世紀末から20世紀初めはヨーロッパからの移民が工業化に貢献

・今日ではアジア系の人々がICT（情報通信技術）産業を支えている

②新しい生活文化と移民

・快適な生活を送るための工夫…自動車を利用した自由に移動する生活，広大な駐車場を持つ大型ショッピングセンター

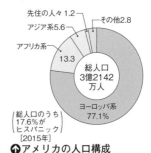

↑アメリカの人口構成
（アメリカ国勢調査局資料）

先住の人々1.2
その他2.8
アジア系5.6
アフリカ系
13.3
総人口3億2142万人
ヨーロッパ系77.1%
総人口のうち17.6%がヒスパニック
[2015年]

・アメリカで最初に広まった通信販売やインターネット

・アメリカで生まれた文化：野球，バスケットボール，アメリカンフットボールといったスポーツ，ファストフード，映画，テーマパーク

超重要 アメリカに自国の文化とスペイン語を持ちこんだヒスパニック

・新しいものを大量に生産し，大量に消費することで，アメリカの経済は発展を続けている

③世界をひきつけるアメリカ文化

・メキシコ，中央アメリカ，西インド諸島の国々とアメリカとでは人々の収入に大きな格差→仕事と高い収入を求め多くの人々がアメリカを目指す

・労働力の不足するアメリカでは，移民の労働力をたよりにする一方，野球などのプロスポーツで活躍（かつやく）する人々もいる

・アメリカにやってくる人々は，自国の文化をアメリカに持ちこんでいる

━━━━ もっと地理 ハリケーンから人々を守る 教科書 p.110

①相次ぐハリケーンの被害

・ハリケーン→大西洋北部で毎年発生する強力な熱帯低気圧

・西インド諸島やアメリカ南部，東部の沿岸地域にたびたび大被害（ひがい）をまねく

・ハリケーンには名前が付けられ，その大災害の記憶を後世に伝える

・防災対策→事前に規模，速度，進路を予測し，取り組みを行う

②最新のICTを生かした予測

・ハリケーンセンター→国立気象局に属し，フロリダ州マイアミにある→気象衛星や「ハリケーンハンター」からのデータなどを利用し，最新のICTを使って研究や予測を行う

・ICTの進歩により，ハリケーンの規模や速度などの予測精度向上→適切な避難（ひなん）指示が可能に

・アメリカでは気象情報への関心が高い→天気予報専門のテレビ局もあり，24時間情報提供

| 関連用語 | **ミシシッピ川** 北アメリカ最長の河（か）川（せん）で，アメリカのミネソタ州に源（みなもと）があり，メキシコ湾に注（わん）ぐ。

シリコンバレー カリフォルニア州のサンフランシスコ郊外（こうがい）にあり，コンピューターや半導体関連のハイテ | ク（先端（せんたん）技術）産業が集中している地区の通称（つうしょう）。

ファストフード 早く食べられる食べ物のこと。近年はそれを提供する店を指している。ハンバーガーなどを出す店がその好例である。 |

□北アメリカは，北アメリカ大陸と何という島々で構成されているか。	西インド諸島
□北アメリカ大陸にある国々は，アメリカ，カナダ，中央アメリカの国々とあと一つはどこか。	メキシコ
□アメリカやカナダの国土面積は日本の約何倍か。	約26倍
□北アメリカの西部を南北に走る高くけわしい山脈は何か。	ロッキー山脈
□北アメリカ一の長流で，メキシコ湾(わん)に注ぐ河川(かせん)は何か。	ミシシッピ川
□主にカリブ海で発生し，西インド諸島やメキシコ湾岸から大西洋沿岸をおそう熱帯低気圧を何というか。	ハリケーン
□生まれた国を出て，ほかの国に永久あるいは半永久的に移り住む人々を何というか。	移民
□アメリカやカナダでは主に英語が使われているが，北アメリカのそのほかの地域では主に何語が使われているか。	スペイン語
□アメリカ，カナダ，メキシコの３か国は，ある貿易協定を結び，経済的な結び付きを強めている。この貿易協定を何というか。	北米(ほくべい)自由貿易協定(ナフタ)(NAFTA)
□それぞれの地域の環境(かんきょう)に適した農産物を生産することを何というか。	適地適作
□市場(しじょう)への出荷(しゅっか)を目的に，広大な農場で労働者をやとい，大型機械を使って行われる農業を何というか。	企業的な農業
□生物の持っている働きを研究し，それを人々の生活に役立てようとする科学技術を何というか。	バイオテクノロジー
□主に熱帯の地域に開かれた大規模な農園を何というか。	プランテーション

□豊かな鉱産資源と水上交通を活用して，アメリカの工業はどの地域で発展したか。 　　五大湖周辺

□ピッツバーグはどのような業種の中心地として発展したか。 　　鉄鋼業

□デトロイトはどのような工業製品の製造の中心都市として発展したか。 　　自動車

□北緯37度付近から南に位置する温暖な地域で，コンピューターやインターネットに関連した情報通信技術（ICT）産業が発達している。この地域は何とよばれているか。 　　サンベルト

□アメリカのカリフォルニア州のサンフランシスコ近郊にあるハイテク（先端技術）産業が集中している地区は，通称何とよばれているか。 　　シリコンバレー

□19世紀末から20世紀初めまで自動車工場などで働き，アメリカの工業化に貢献したのはどこからの移民か。 　　ヨーロッパ

□今日，アメリカの情報通信技術産業を支えているのは何系の人々か。 　　アジア系の人々

□アメリカの人々が自由に移動できる生活が生まれたのは，何を利用しているからか。 　　自動車

□すばやく準備ができ，すぐに食べられる食べ物で，近年ではそれを提供する店も指すようになった。この食べ物を何というか。 　　ファストフード

□国際連合の本部やウォール街などがあるアメリカ最大の都市はどこか。 　　ニューヨーク

□スペイン語を話すメキシコや西インド諸島などからやってきたアメリカへの移民を何というか。 　　ヒスパニック

□毎年秋に映画祭が開催されるなど，映画産業が成長しているカナダ西部の都市はどこか。 　　バンクーバー

5 南アメリカ州
―開発の進展と環境問題―

● 要点整理 ●

1 南アメリカ州をながめて

①南北に長い大陸

・気候：赤道付近は高温多雨,南下すると気温が低下し,雨量が少なくなる

・南アメリカ大陸の地形：西側にアンデス山脈,その東にアマゾン川などの大河,パンパという平原,北部にギアナ高地,東部にブラジル高原

②混じり合う人々と文化

・15世紀に先住民のインカ帝国が最盛期→16世紀にスペイン人やポルトガル人がきて先住民の国や社会をほろぼし支配→スペイン語とポルトガル語が使われるようになり,キリスト教が広まる

・ヨーロッパ人がプランテーションの労働力としてアフリカの人々を奴隷にした

・先住民やヨーロッパ人などとの間で混血が進み,新しい文化も生まれた

③経済の発展

・大規模で企業的な農業…輸出用の商品作物,砂糖やバイオエタノールを生産するためのさとうきびを栽培

・鉱工業…鉄鉱石,銅鉱石,石油,レアメタル,ブラジルは工業国

2 自然環境と共生する生活

①アマゾン川とともに生活する人々

・アマゾン川流域での移動手段：船→道路は未発達

・川の利用…水位の低い時期は漁業が盛ん,川岸では洪水で運ばれてきた栄養豊富な土を利用した,いもやとうもろこしの栽培

②森林を守る農業

超重要 南アメリカで話されているのは主にスペイン語とポルトガル語

❶南アメリカの自然の様子を覚えておこう。❷先住民とヨーロッパ人との関係を歴史をふくめておさえることが重要だよ。❸自然環境と人々との結び付きや，開発と自然保護の課題をつかもう。

・アマゾン川流域の森林利用…焼畑農業でバナナ，いもなどを栽培

3 開発の進行と影響

①世界を支える農牧業

・コーヒー豆や大豆，食肉，砂糖，バイオエタノールなどが主要な輸出品

・アマゾン川流域の開発…熱帯林を切り開き道路を建設，大規模な森林伐採などにより，牧場や，さとうきびや大豆の畑を造る

②世界を支える鉱産資源

・南アメリカは石油や銅鉱石，鉄鉱石，ボーキサイトなどの鉱産資源が豊富→輸出して経済を発展させてきた

・アマゾン川流域では農地の開発とともに鉱産資源も開発された

③持続可能な開発に向けて

・同一作物のくり返し栽培による収穫の減少や土地の荒廃が問題

・開発で失われた動物の多様性を取り戻すには時間がかかる

・大規模な開発は環境破壊を引き起こす→資源が掘りつくされる懸念

・再生可能エネルギーとしてバイオエタノールが注目→さとうきびの栽培で森林が破壊されるので解決にならない→自然環境を守り経済の発展と両立させる→持続可能な開発を進めることが課題

──── もっと地理 **南アメリカで活躍する日系人** 教科書 p.122 ────

①南アメリカにわたった日本人

・20世紀初め，多くの日本人が南アメリカに移住→今，多くの日系人が住む

・日本人はアマゾンの開拓により農業を行い，日系人社会を築いた

・日系移民の子孫の活躍は，ブラジル社会の発展に大きく貢献

②日系移民を通して広がる日本の伝統・文化

・日本からの移民が，ブラジルに日本の伝統や文化を持ち込んだ

□南アメリカ大陸の西部にあり，標高によって気候や見られる植物が大きく変化する，大陸を南北に走る世界最長の山脈は何か。	アンデス山脈
□大陸の中央部にあり，大西洋に注いでいる流域面積が世界最大の河川は何か。	アマゾン川
□南アメリカ大陸の北部にある，垂直に切り立った台形状の山が数多く点在する高地は何か。	ギアナ高地
□南アメリカに古くから生活していた民族のことを何というか。	先住民
□マチュピチュ遺跡にみられるような高度な文明を持ち，15世紀に最盛期をむかえた帝国は何か。	インカ帝国
□ヨーロッパから南アメリカにやってきて，16世紀に先住民の国や社会をほろぼし支配したのは，スペイン人とどこの国の人か。	ポルトガル
□南アメリカで，今日，広く信仰されている宗教は何か。	キリスト教
□ヨーロッパ人は，プランテーションの労働力として，ある大陸の人たちを奴隷として連れてきた。この人たちは，どの大陸から連れてこられたのか。	アフリカ大陸
□さとうきびやとうもろこしなどの植物原料から作られるアルコール燃料を何というか。	バイオエタノール
□地球上にわずかしかなく，またとり出すのが難しいといわれるクロムやニッケルなどの鉱産資源を，まとめて何というか。	レアメタル
□南アメリカで，特に工業化が進展し，自動車や航空機の製造が盛んな国はどこか。	ブラジル

□アマゾン川流域では，人々の移動や物資を運ぶために，主にどのような交通手段が使われているか。	船
□700万km²以上の流域面積を持つアマゾン川で，重要な産業となっているのは何か。	漁業
□アマゾン川流域は，土地が肥えているため，いもやどのような作物の栽培（さいばい）が盛んか。	とうもろこし
□森の木を切りたおし，その木を燃やして灰を作り，それを肥料にし，それを使って作物の栽培をする農業とは何か。	焼畑農業（やきはた）
□海底火山の噴火（ふんか）によってできた，一度もほかの陸地とつながったことのない，南アメリカ大陸の西に位置する島々を何というか。	ガラパゴス諸島（しょとう）
□アルゼンチンの中央部に広がる大平原を何といか。	パンパ
□アマゾン川流域では，牧場や畑を広げるために何が行われているか。	森林伐採（ばっさい）
□ブラジルは，大豆の生産量及び輸出量で世界第何位か。	第2位
□さとうきびやとうもろこしなどの植物が原料のバイオエタノールはどのようなエネルギーとして注目されているか。	再生可能エネルギー
□今日の開発で重要なことは，経済の発展と環境の保護を両立していくことである。このような開発を何とよぶか。	持続可能な開発
□アメリカのハワイやブラジルをはじめとする南アメリカなどに多く住む，外国に移住した日本人の子孫を何とよぶか。	日系人
□南アメリカの国々の中で，最も日系人の数が多い国はどこか。	ブラジル

6 オセアニア州
—強まるアジアとの結び付き—

教科書　p.126～p.139

● **要点整理** ●

1 オセアニア州をながめて

①「乾燥大陸」と多くの島々

・オセアニア州：オーストラリア大陸と太平洋の島々で構成

・乾燥大陸とよばれるオーストラリア：国土の約3分の2が草原や砂漠地域

　→オセアニアの海…ポリネシア，ミクロネシア，メラネシアに区分

・オセアニアの島々：火山の噴火でできた火山島とさんご礁の島

②オセアニアの文化

・先住民：オーストラリアはアボリジニ，ニュージーランドはマオリ

③強まるアジアとの結び付き

・オーストラリアやニュージーランド→以前はイギリスの植民地で，農作物の多くはイギリスへ輸出

・近年はアジアや太平洋諸国との貿易が増加→現在は中国が最大の貿易相手国

2 貿易を通じた他地域とのつながり

①農産物の輸出大国

・牧畜…牧草がよく育つオーストラリアの東部や南西部で羊を飼育，牛は北東部で飼育

②豊富な鉱物資源の輸出

・1960年はオーストラリアの輸出品の約40％が羊毛，現在は石炭，鉄鉱石などの鉱産資源の割合が高い→東部は炭鉱，北西部は鉄鉱山，各地に金や銅，ボーキサイト，ウランなどの鉱山

③アジアとの経済的な結び付き

・1970年代からオーストラリアがアジアの国々との関係強化→1989年に

超重要 オーストラリアは白豪主義政策を転換→アジアとの結び付きを重視

❶オセアニアの自然の特色を覚えておこう。❷オーストラリアとイギリスとの関係をおさえておこう。❸農牧業地域の分布の様子は重要だよ。❹白豪主義の転換の理由は重要なのでおさえよう。

APEC(アジア太平洋経済協力)の結成を主導

④観光客をひきつけるオセアニア

・オーストラリア東部のゴールドコーストやニュージーランドのサザンアルプス, 太平洋のタヒチやニューカレドニアの島々→人気の観光地

3 人々による他地域とのつながり

①植民地化による影響

・オセアニアは18世紀から20世紀にかけて欧米各国の植民地に→オーストラリアやニュージーランドなどは独立後もイギリスとの結び付きが強い
　・国旗にイギリスの国旗が入っている, 公用語が英語
・現在もタヒチ島はフランス領, グアム島はアメリカ領

②白豪主義からの転換

・白豪主義政策：19世紀後半ごろにアジア系の移民を制限→移民労働力が必要だったため, 1970年代からはアジアを中心に, ヨーロッパ以外からの移民を受け入れ

③多文化社会を目指して

・アジアからの移民が増加→華人など
・アボリジニの人々の先住民としての権利が尊重される
・オーストラリアの多文化社会…多様な民族が共存し, 各文化を尊重

もっと地理 水没の危機にあるツバル 教科書 p.134

①ツバルってどんな国？

・南太平洋上にあるツバル…さんご礁の島々で構成, 標高が低い

②水没の危機に直面するツバル／③ツバルの環境問題の解決に向けて

・地球温暖化による海面上昇や人々の生活の変化により水没の危機
・ツバル一国だけでは解決できない→国際的な協力の下で考える必要あり

□オーストラリアは，年降水量500mm以下の草原や 砂漠が大陸全体の３分の２をしめているため，何大 陸とよばれているか。

乾燥大陸（かんそう）

□オーストラリアの東部や南西部，ニュージーランド の気候帯は何か。

温帯

□オーストラリア北部やパプアニューギニアの大部分 の気候帯は何か。

熱帯

□オセアニアの島々は，火山の噴火（ふんか）でできた火山島と， 何で造られた島からなっているか。

さんご礁（しょう）

□オセアニアの島々がある海域は三つに区分されるが， ポリネシア，ミクロネシアと，ニューギニア島やソ ロモン諸島などがある何か。

メラネシア

□オセアニアの先住民の祖先は，どの大陸から島づた いに移住してきたと考えられているか。

ユーラシア大陸

□オーストラリアの先住民を何というか。

アボリジニ

□ニュージーランドの先住民を何というか。

マオリ

□オーストラリアやニュージーランドは，どこの国の 人々によって開発が進められたか。

イギリス

□日本をはじめ多くの国々に輸出されているオースト ラリア産の牛肉のことを何というか。

オージービーフ

□1960年ごろ，オーストラリアの輸出額の約４割をし めていた品目は何か。

羊毛

□現在，オーストラリアの輸出品の１位，２位をしめ ているのは，鉄鉱石と何か。

石炭

□1960年のオーストラリアの貿易相手国で，輸出入総 額第１位の国はどこか。

イギリス

□現在，オーストラリアの貿易相手国で，輸出入総額第1位の国はどこか。　中国

□オーストラリアで，比較的降水が見られ，牧草がよく育つ東部や南西部で飼育が盛んな家畜は何か。　羊

□オーストラリアの主に北東部で飼育が盛んな家畜は何か。　牛

□オーストラリアの東部や南西部で主に行われている農業は，小麦などの作物栽培と何を組み合わせたものか。　牧畜

□オーストラリアの東部で，特に産出量が多い鉱産資源は何か。　石炭

□オーストラリアの北西部で，特に産出量が多い鉱産資源は何か。　鉄鉱石

□鉱産物を地表から直接けずり取りながら，うずを巻くようにして採掘する方法を何というか。　露天掘り

□オーストラリアの公用語は何語か。　英語

□19世紀後半ごろにオーストラリアで金の鉱山が発見されると，どんな移民が増えたか。　中国系

□オーストラリアで，20世紀初め～1970年代にかけて，ヨーロッパ系以外の移民を制限した政策とは何か。　白豪主義

□1970年代以降，オーストラリアではある地域との結び付きが強まり，ヨーロッパ系以外の移民を積極的に受け入れるようになった。その地域とはどこか。　アジア

□シドニーやメルボルンにある中国人街を何というか。　チャイナタウン

□オーストラリアなどのように多様な民族が共存し，それぞれの文化を尊重する社会を何というか。　多文化社会

□世界で4番目に小さい，国土が水没の危機に直面している国はどこか。　ツバル

1 アジア州について，右の地図などを見て，次の問いに答えなさい。

(1) 右の地図中の **A～F** の地名を，
次の**ア～カ**から選び，記号で答え
なさい。

ア　インダス川

イ　ヒンドスタン平野

ウ　ヒマラヤ山脈

エ　チベット高原

オ　メコン川

カ　カスピ海

A（　ウ　）　B（　エ　）　C（　オ　）
D（　ア　）　E（　イ　）　F（　カ　）

(2) 地図中の**P**や**Q**の国や地域では，第二
次世界大戦後，いち早く工業化に取り組
み，急成長をとげた。この国や地域は何
とよばれているか略称（りゃくしょう）で答えなさい。
（　アジアNIES　）

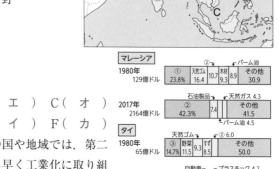

マレーシア					
1980年 129億ドル	① 23.8%	天然ゴム 16.4	② 10.7	木材 9.3	パーム油 8.9	その他 30.9

| 2017年 2164億ドル | ② 42.3% | 石油製品 7.4 | 天然ガス 4.3 その他 41.5 パーム油 4.5 |

タイ			
1980年 65億ドル	③ 14.7%	天然ゴム 野菜 11.5 9.3	すず ② 6.0 8.5	その他 50.0

| 2016年 2136億ドル | ② 31.4% | 自動車 12.8 | プラスチック 4.2 その他 51.6 |

インドネシア		
1980年 219億ドル	① 53.3%	天然ガス 木材 13.2 7.1	天然ゴム 5.4 その他 15.6

| 2017年 1688億ドル | 石炭 12.1% | パーム油 11.0 | ② 8.6 | 衣類 4.9 その他 54.2 石油製品 5.4 |
天然ガス 5.2　自動車 4.0

0　10　20　30　40　50　60　70　80　90　100%

↑東南アジアの主な国の輸出品の変化
（国連資料ほか）

(3) 右上のグラフ中の①～③の輸出品に当
てはまるものを，次の**ア～ウ**から選び，
記号で答えなさい。

ア　機械類　　イ　米　　ウ　石油

①（　ウ　）　②（　ア　）　③（　イ　）

(4) ⓐの国では，アメリカなどで働いた経験を持つ人々が帰国して，ある産
業の成長に重要な役割を果たしている。この産業は何か。
（　ICT（情報通信技術）産業　）

(5) ⓘの湾岸（わんがん）地域で盛（さか）んに産出されている鉱産資源は何か。（　石油　）

② ヨーロッパ州について，右の地図を見て，次の問いに答えなさい。

(1) 図1のA〜Gの地名を，次のア〜キか
ら選び，記号で答えなさい。

ア　アルプス山脈
イ　イベリア半島
ウ　スカンディナビア半島
エ　地中海
オ　ドナウ川
カ　北海　　　　キ　ライン川

A（　ウ　）　B（　カ　）　C（　キ　）
D（　オ　）　E（　イ　）　F（　ア　）
G（　エ　）

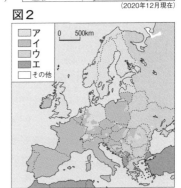

図1

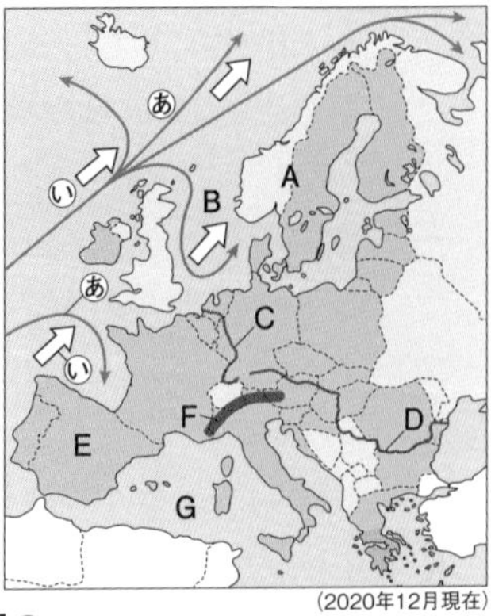

(2020年12月現在)

図2

(2) 図1の暖流あの名称と，いの風の名
称を答えなさい。

あ（　北大西洋海流　）
い（　　偏西風　　）

(3) 図1の□について，次の問いに答
えなさい。

① □は，1993年にヨーロッパ共同
体(EC)から発展した組織に加盟し
ている国々である。この組織名を答えなさい。

（ ヨーロッパ連合(EU) ）

② □の加盟国の多くの国々で使用されている共通通貨を何というか
答えなさい。　　　　　　　　　　　　　　（　　ユーロ　　）

(4) 図2のヨーロッパの宗教分布図で，カトリックに当てはまるものをア
〜エから選び，記号で答えなさい。　　　　　　　　　　（　イ　）

(5) 図2の地図中のアの地域では，ある言語を使う人々が多い。何という
言語か答えなさい。　　　　　　　　　　　　（　ゲルマン系　）言語

1 アフリカ州について，右の地図などを見て，次の問いに答えなさい。

(1) 右の地図中の**A～G**の地名を，次の**ア～キ**から選び，記号で答えなさい。

ア エチオピア高原 A(カ)

イ ギニア湾 B(オ)

ウ キリマンジャロ山 C(ア)

エ コンゴ盆地 D(イ)

オ サハラ砂漠 E(ウ)

カ ナイル川 F(エ)

キ ビクトリア湖 G(キ)

(2) 19世紀末までに，アフリカのほ
ぼ全域が，ヨーロッパ諸国の植民
地になったが，その中で独立を守
った**H**の国の名前を答えなさい。

(エチオピア)

(3) 右のグラフを見て，次の問いに答えな
さい。

① **A～C**のグラフに当てはまる国を，
次の**ア～エ**から選び，記号で答えなさ
い。

ア コートジボワール

イ ナイジェリア **ウ** ボツワナ

エ 南アフリカ共和国

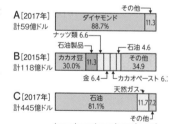

A[2017年] 計59億ドル ダイヤモンド 88.7%　その他→11.3

B[2015年] 計118億ドル　ナッツ類 6.6　石油製品　石油 4.6　カカオ豆 30.0%　11.3　その他 34.9　金 6.4　カカオペースト 6.

C[2017年] 計445億ドル　石油 81.1%　天然ガス　11.7,7.2　その他

0 20 40 60 80 100%

↑農産物や鉱産物にかたよる輸出品
(国連資料)

A(ウ) B(ア) C(イ)

② **A～C**の国は，数少ない商品作物や鉱産資源を輸出して経済が成立
している。このように，限られた作物や資源の生産と輸出によって成
り立つ経済を何というか答えなさい。

(モノカルチャー経済)

❷ 北アメリカ州について，右の地図などを見て，次の問いに答えなさい。

(1) 右の地図中の**A～F**の地名を，次の**ア～カ**から選び，記号で答えなさい。

　ア グレートプレーンズ
　イ 五大湖（ごだいこ）　　**ウ** 中央平原
　エ ミシシッピ川
　オ フロリダ半島
　カ ロッキー山脈

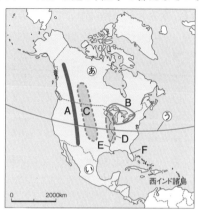

$$A（\quad カ \quad）\quad B（\quad イ \quad）$$
$$C（\quad ア \quad）\quad D（\quad ウ \quad）$$
$$E（\quad エ \quad）\quad F（\quad オ \quad）$$

(2) アメリカ，地図中の⑥国，①国は貿易協定を結び，経済的な結び付きを強めている。この貿易協定を何というか。

（ 北米（ほくべい）自由貿易協定（NAFTA（ナフタ）） ）

(3) 右の①～③のグラフは，ある農産物や畜産物（ちくさん）の生産量と輸出量の国別割合を表している。①～③に当てはまるものを次の**ア～ウ**から選び，記号で答えなさい。

　ア 牛肉　**イ** 小麦　**ウ** 大豆

①（　ウ　）②（　イ　）③（　ア　）

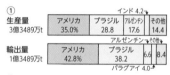

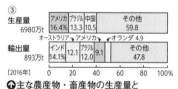

[2016年]　　0　20　40　60　80　100%

⬆主な農産物・畜産物の生産量と輸出量の国別割合 (FAOSTAT)

(4) 地図中の①付近から南の温暖な地域では情報通信技術(ICT)産業などが発達している。①の緯度（いど）と，①付近から南の地域を何とよんでいるか答えなさい。　　緯度（ 北緯37度 ）　地域（ サンベルト ）

(5) 地図中の①や西インド諸島などからやってきたアメリカへの移民を何とよんでいるか答えなさい。

（ ヒスパニック ）

1 南アメリカ州について，右の地図などを見て，次の問いに答えなさい。

(1) 右の地図中の **A ～ G** の地名を，次の**ア～キ**から選び，記号で答えなさい。

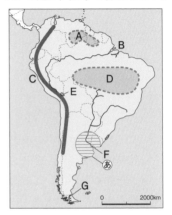

ア アマゾン川　　　　　A（　ウ　）

イ アンデス山脈　　　　B（　ア　）

ウ ギアナ高地　　　　　C（　イ　）

エ チチカカ湖　　　　　D（　オ　）

オ ブラジル高原　　　　E（　エ　）

カ マゼラン海峡　　　　F（　キ　）

キ ラプラタ川　　　　　G（　カ　）

(2) 牧畜や小麦の栽培が盛んな地図中の**あ**
の広大な平原を何というか答えなさい。

（　　パンパ　　）

(3) 右の写真について，次の
問いに答えなさい。

① 右の写真は，15世紀に
最盛期をむかえたある帝
国の遺跡である。この帝
国を何というか答えなさ
い。（　インカ帝国　）

② この遺跡を何というか
答えなさい。

（ マチュピチュ遺跡 ）

③ 16世紀になると，この帝国をはじめ先住民の国は，ヨーロッパから
やってきた人たちによってほろぼされた。ヨーロッパのどの国とどの
国の人たちによってほろぼされたか答えなさい。

（　スペイン　）と（ ポルトガル ）

❷ オセアニア州について，右の地図などを見て，次の問いに答えなさい。

(1) 図1のA～Gの地名を，次のア～キから選び，記号で答えなさい。

ア　ウルル（エアーズロック）

イ　グレートディバイディング山脈

ウ　グレートバリアリーフ

エ　大鑽井盆地
　　<small>だいさんせいぼんち</small>

オ　ニューギニア島

カ　ポリネシア

キ　メラネシア

図1

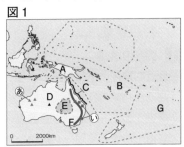

　A（　オ　）　　B（　キ　）

　C（　ウ　）　　D（　ア　）

　E（　エ　）　　F（　イ　）

　G（　カ　）

(2) オーストラリア大陸の南東に位置し，北島や南島などから成る島国は何か答えなさい。

（　ニュージーランド　）

図2

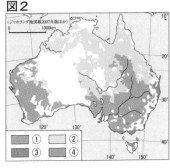

(3) 図1の圏，⑪に当てはまる鉱産資源を，次のア～エから選び，記号で答えなさい。

ア　ウラン　　イ　石炭　　ウ　鉄鉱石　　エ　ボーキサイト

圏（　ウ　）　⑪（　イ　）

(4) 図2はオーストラリアの農業地域を表したものである。地図中の①～④に当てはまるものを，次のア～エから選び，記号で答えなさい。

ア　小麦　　イ　牧牛　　ウ　牧羊　　エ　酪農
　　　　　　　　　　　　　　　　　　　<small>らくのう</small>

①（　ウ　）　②（　イ　）　③（　エ　）　④（　ア　）

(5) オーストラリアでは，20世紀初めから1970年代にかけて，ヨーロッパ系以外の移民を制限する政策をとっていた。この政策名を答えなさい。
　　　　　　　　　　　　　　　　　　　　　　　　　　（　白豪主義　）
　　　　　　　　　　　　　　　　　　　　　　　　　　　　<small>はくごう</small>

地域調査の手法

教科書　p.140～p.155

● 要点整理 ●

1 調査の準備

①身近な地域の情報を集めよう

・身近な地域の特色や変化などの情報を集める→地図や写真など

②調査するテーマを話し合おう／③仮説と調査計画を立てよう

・集めた情報を整理→具体的なテーマを決定

・仮説を立てる…「～だから～だろう」という自分なりの根拠を入れた仮説を立てる

・調査計画を立てる…「どのような調査を行えばよいのか」を考え，調査方法を決定

スキル・アップ　地形図の読み取り方

・地形図…国土地理院発行。2万5000分の1地形図と5万分の1地形図がよく利用される

・縮尺…実際の距離を縮小した割合。実際の距離は地図上の長さ×縮尺の分母で示される

・2万5000分の1地形図で1cmの長さ…1×25000＝25000cm＝250m

・方位…上が北

・等高線…土地の起伏を表す。間隔がせまいところは傾斜が急。広いところは傾斜が緩やか

等高線		2万5000分の1地形図	5万分の1地形図
計曲線	～	50mごと	100mごと
主曲線	～	10mごと	20mごと
補助曲線	～ー	5mごと，2.5mごと	10mごと
	- - -	－	5mごと

↑等高線の種類

超重要 調査テーマを選び，仮説を立てたのち，調査計画を立てる

❶地域の調査のテーマを決める方法を覚えておこう。❷地形図の読み取り方をつかんでおこう。❸地図記号を正確に覚えておこう。❹野外調査や聞き取り調査のしかたを理解することは大切だよ。

- 尾根と谷：山頂からふもとに向かって等高線が低い方へ張り出しているところが尾根。逆に高い方へくいこんでいるところが谷

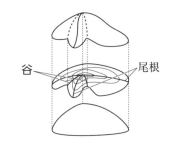

谷　尾根

- 地図記号…建物や土地利用，交通路などを表す

土地利用	建物・施設		道路・鉄道・境界
⊥⊥⊥ 田	■■ 🔲 建物（中高層建物）	⩲ 老人ホーム	══ 2車線道路
∨∨∨ 畑		⊓ 神社	── 軽車道
⚬⚬⚬ 果樹園	◎ 市役所 東京都の区役所	卍 寺院	── 徒歩道
∴∴ 茶畑	○ 町・村役場	⊔ 図書館	─(4)─ 国道および路線番号
⚬⚬⚬ 広葉樹林	♂ 官公署	⩎ 博物館・美術館	
∧∧∧ 針葉樹林	X ⊗ 交番(左)，警察署	⌂ 記念碑	単線 駅 複線以上 (JR線) 普通鉄道
⚲⚲ 竹林	Y 消防署	⚘ 風車	⊶⊷ 都・府・県界
∿∿ ささ地	⊖ 郵便局	凸 城跡	─⋯─ 郡・市界，東京都の区界
⊥⊥⊥ 荒地	✿ 工場	⋰ 史跡・名勝・天然記念物	─⋅⋅─ 町・村界，指定都市の区界
	⚡ 発電所・変電所	⊥ 墓地	
	★ 小・中学校	△ 三角点	
	⊗ 高等学校	⊡ 水準点	
	⊞ 病院	☼ 灯台	

↑主な地図記号　（地形図の発行年や種類によって異なる記号を使う場合があります）

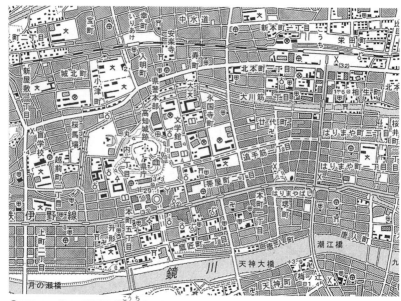

⬆2万5000分の1地形図（「高知」平成20年発行，108%拡大）

・駅から市役所までの直線距離と行き方

　高知駅から市役所まで，実際の地図上では，約6cm→この地形図は2万5000分の1なので，実際の直線距離は約1.5km

　高知駅から路面鉄道が通る道をまっすぐ南に進み，交番のある交差点を右に曲がり西に向かう→郵便局の手前から南にのびる大きな道を見ると，道の右側に病院が見える→さらにまっすぐ進むと，右に市役所が見える

2 野外観察・聞き取り調査

①野外観察をしよう／②聞き取り調査をしよう

・調査計画に従い野外観察

・調査テーマについて話を聞く聞き取り調査

・ノートやカメラ，ビデオで記録し，実際の印象などをメモする

> **超重要** 調査結果と仮説が合っているかを検証

3 資料を使った調査

①文献や統計などを集めよう／②さまざまな資料で調査を深めよう

・文献，統計，地図などを使って調査→インターネットなどを利用する

・資料比較などで地域の特色，課題の様子や分布の傾向をとらえる

4 調査のまとめ

①地図や図表で表そう／②分かったことをまとめよう

・調べた内容によってグラフや地図などに表してまとめる

・調査結果と仮説が一致するか検証→ちがった場合にはその理由を考え，原因を話し合う

スキル・アップ　さまざまな地図のまとめ方

・ドットマップ…分布の度合いを表す

・図形表現図…分布と地域差を表す

・階級区分図…地域差を表す

・流線図…他地域との結び付きを表す

5 調査結果の発表

①発表の原稿や資料を準備しよう／②分かりやすい発表をしよう

・調査した内容と自分たちの考えを区別し，根拠を示して説明する

③他の発表から学び合おう

・発表…ほかのグループと質問や意見交換を行う

関連用語

等高線　海抜高度が等しい地点を結んで連ねた等値線。計曲線，主曲線，補助曲線の3種類ある。

海抜高度　平均海面を基準としたときの陸地の高さ。

三角点と水準点　三角点は，各地点間の方位と距離を測定する際の基準点。山頂などに設置されることが多い。水準点は，基準面から土地の高さを測定する際の基準点。主要道路沿いに設置される。

デジタル地図　パソコンや携帯端末から使える地図。

GIS　地理情報システム（Geographic Information System）のことで，スマートフォンなどからの地図閲覧サービスなどに利用されている。

□身近な地域の調査テーマが決まったとき,「〜だから 〜だろう」という自分なりの根拠を入れる必要があ るが, これを何というか。 | 仮説

□調査するときに「何を, いつ, どこで, どのように」 するかを考え立てる計画のことを何というか。 | 調査計画

□地形図を発行しているのはどこか。 | 国土地理院

□実際の距離を縮小した割合を何というか。 | 縮尺

□2万5000分の1地形図の地図上の長さが1cmのと き, 実際の距離は何mになるか。 | 250m

□2万5000分の1地形図は, 5万分の1地形図の何倍 の面積で同じ範囲を示しているか。 | 4倍

□地形図で上を示す方位はどちらか。 | 北

□高さが等しい地点を結んだ線を何というか。 | 等高線

□等高線の間隔がせまいところほど傾斜はどうなる か。 | 急になる

□2万5000分の1地形図では, 等高線のうち計曲線は 何mごとに描かれているか。 | 50m

□5万分の1地形図では, 等高線のうち計曲線は何m ごとに描かれているか。 | 100m

□2万5000分の1地形図では, 等高線のうち主曲線は 何mごとに描かれているか。 | 10m

□5万分の1地形図では, 等高線のうち主曲線は何m ごとに描かれているか。 | 20m

□ ''ıı'' は何の地図記号か。 | 田

□ ˇˇˇ は何の地図記号か。 | 畑

□ ˚ˌ˚ は何の地図記号か。 | 果樹園

70

□∴∵は何の地図記号か。	茶畑
□ °_°°は何の地図記号か。	広葉樹林
□◎は何の地図記号か。	市役所（東京都の区役所）
□Ⅹは何の地図記号か。	交番
□Ｙは何の地図記号か。	消防署
□⊖は何の地図記号か。	郵便局
□☆は何の地図記号か。	工場
□✿は何の地図記号か。	発電所・変電所
□⊗は何の地図記号か。	高等学校
□⊞は何の地図記号か。	病院
□⍍は何の地図記号か。	老人ホーム
□⍓は何の地図記号か。	図書館
□⍔は何の地図記号か。	博物館・美術館
□∏は何の地図記号か。	記念碑
□⚘は何の地図記号か。	風車
□✸は何の地図記号か。	灯台
□⌐は何の地図記号か。	城跡
□等高線が低いほうへ張り出しているところを何というか。	尾根
□分布の度合いを点で表すのに適している地図を何というか。	ドットマップ
□数値を図形の形や大きさで表すのに適している地図を何というか。	図形表現図
□数値を階級に区分して，階級ごとに異なる色や模様で表す地図を何というか。	階級区分図
□人や物が移動する方向と量を，矢印の向きと大きさで表す地図を何というか。	流線図

1 地形図について，右の地図を見て，次の問いに答えなさい。

(1) 右の地形図の縮尺を答えなさい。

（ 2万5000分の1 ）

(2) 地形図中，**A** – **B** 間は3cmである。実際の距離を答えなさい。(単位m)

（ 750m ）

(3) 川が山間部から流れ出ることによってできる特色のある地形を答えなさい。

（ 扇状地 ）

(4) 地形図中にみられる◌̇, Ⴗ, △の地図記号は何を示しているか答えなさい。

◌̇(果樹園)Ⴗ(くわ畑)△(三角点)

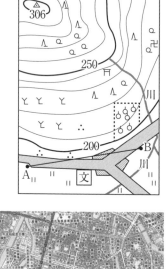

2 地形図について，右の地図を見て，次の問いに答えなさい。

(1) 右の地形図でみられる地形は何か。次のア〜ウから選び，記号で答えなさい。

ア　三角州　イ　扇状地

ウ　海岸平野

（ ア ）

(2) 右は2万5000分の1地形図の縮小だが，原図の**A**－**B**間は2cmである。実際の距離を答えなさい。

(単位m)　（ 500m ）

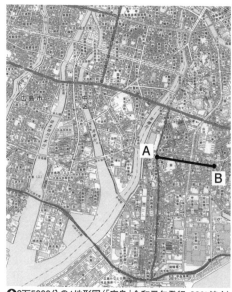

⬆2万5000分の1地形図(「広島」令和元年発行, 38%縮小)

(3) 元安川の河口に対し，川の上流の方角はどちらか。

（　北　）

❸ 地形図について，下の地図を見て，次の問いに答えなさい。

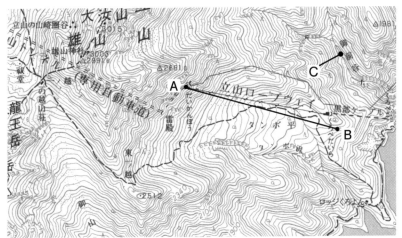

🔼5万分の1地形図（「立山」平成21年発行，115％拡大）

(1) 上の地形図は，5万分の1地形図の拡大だが，原図 **A** – **B** 間は4cm
である。実際の距離を答えなさい。（単位km）

（　2km　）

(2) 上の地形図から読み取れる説明として正しいものを，次の**ア**〜**ウ**から
選び，記号で答えなさい。

ア 雄山神社のほうがロッジくろよんより標高が高い。

イ タンボ平より東一ノ越の方が起伏がゆるやかである。

ウ 全体的に竹林が広がっている。

（　ア　）

(3) 上の地形図の**C**のところは尾根と谷のどちらを示しているか。

（　谷　）

日本の地域的特色と地域区分

教科書　p.156〜p.182

● 要点整理 ●

1 地形から見た日本の特色

①地震の震源や火山が連なる地域

・変動帯：地球上にある，地震の震源や火山が帯のように分布する場所→陸地には標高の高い山脈，海には島々が並んでいる→火山の活動や地震の発生と大地の変動が活発

・主な変動帯は，太平洋を囲む環太平洋地域，ヨーロッパのアルプス山脈周辺からアジアのヒマラヤ山脈を通りインドネシア東部に至る地域

・変動帯以外の，火山の活動や地震が少ない地域の多くは，長期の風化や侵食の影響で平らな地形になっている→変動帯ではない地域でも，巨大な地震が起こることもある

②険しい日本の山地

・変動帯に位置する日本…陸地の約4分の3は山地と丘陵

・本州の中央部にある標高が3000m前後の飛驒，木曽，赤石の三つの山脈は日本アルプスともよばれる

・日本アルプスから，その東側で南北にのびるフォッサマグナを境にして，日本列島の地形は東西で大きく異なる

　　・フォッサマグナの東側…ほぼ南北方向に連なる高く険しい山脈

　　・日本アルプスの西側…紀伊，中国，四国といった山地が，ほぼ東西方向に連なる

③急で短い日本の川

・日本の川：大陸を流れる川に比べて傾斜が急で，流域面積がせまい

　　・川の水量の変化が大きい→一年を通して雨が降り，短期間に大量の雨

超重要 暖流の黒潮と寒流の親潮がぶつかる潮境は好漁場

が降ることがある
・洪水，水不足，発電などのため，河川の上流にダムを多く造る

④さまざまな地形が見られる平地

・平地：平らな土地で，海に面した平野と内陸部にある山に囲まれた盆地
がある

　・平野と盆地の面積は国土の約4分の1→人口の大部分が集中

・平野と盆地では次のような地形が見られる

　・扇状地：川が山間部から平野や盆地に流れ出た所に土砂がたまってで
きた扇形の地形

　・三角州：川が海などに流れこむ所が，細かい土砂でうめ立てられた地形

　・台地：川や海に沿った低い土地(低地)と比べて高い所に広がる平らな
地形

　・低地は主に水田に，台地は主に畑に利用

⑤変化に富む日本の海岸

・海岸：岩場が続く岩石海岸，一面が砂におおわれた砂浜海岸→なかには
砂丘が発達している所もある

・リアス海岸：奥行きのある湾と岬が連続
する海岸→三陸海岸，志摩半島

⑥海洋国・日本

・海洋…東に太平洋，西に日本海，北海道の
北東にオホーツク海，南西諸島の西に東シ
ナ海

・深さ8000mをこえる海溝

・深さ約200mまでの平たんな大陸棚→特に

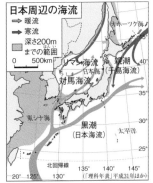

日本周辺の海流
⇨ 暖流
➡ 寒流
▓ 深さ200m
までの範囲
0　　500km
オホーツク海
リマン海流　親潮(千島海流)
日本海　対馬海流
東シナ海　黒潮
(日本海流)　太平洋
北回帰線
（「理科年表」平成31年ほか）
20° 125° 130° 135° 140° 145°
25° 30° 35° 40°

日本海南部から東シナ海にかけて，広範囲に広がる
・暖流の黒潮(日本海流)と寒流の親潮(千島海流)がぶつかる潮境→豊かな漁場
・日本海には暖流の対馬海流が流れこみ，日本列島に沿って北上

2 気候から見た日本の特色

①日本が属する温帯

・温帯：年間を通じた気温と降水量の変化で三つの気候区に区分
　・地中海性気候：夏に雨はほとんど降らず乾燥，冬に雨や雪が降る
　・西岸海洋性気候：緯度が高いわりに冬が暖かく，一年を通じて降水がある
　・温暖湿潤気候：大陸東岸に多く見られ，一年の中での降水量や気温の変化が大きい→日本列島の広い範囲が属している
・日本の気候
　・夏と冬でふく方向がちがう季節風(モンスーン)の影響を受ける
　・東アジアでは降水量が多い梅雨の時期がある
　・台風や熱帯低気圧は，風水害を起こす

②地域によって異なる日本の気候

・降水量の多い南西諸島や小笠原諸島は亜熱帯→沿岸にはさんご礁が広がる
・梅雨のない北海道の気候：降水量が少なく，冬の気温がかなり低いため冷帯(亜寒帯)に分類
・冬の天候のちがい…雨や雪が多い日本海側と，晴天が続く太平洋側
・瀬戸内の気候：降水量が少ない→夏に干ばつが起こりやすいため，古くからため池が造られてきた
・中央高地の気候：年間を通して気温が低く，降水量が少ない

3 自然災害と防災・減災への取り組み

①さまざまな自然災害

超重要 日本の大部分が属しているのは温帯の温暖湿潤気候である

- 自然災害…地震や火山の噴火，洪水は自然現象だが人間が被害を受けることがある
  - 大きな地震はゆれとともに土砂崩れや地盤の液状化などを引き起こす
  - 震源が海底のとき，津波が発生することがある→東日本大震災のように日本列島の広い範囲でさまざまな災害を引き起こすことがある
  - 梅雨の時期や台風による長く続く雨→河川の水があふれる，土砂くずれ，土石流
  - 火山の噴火→溶岩や火山灰，火山れきの噴出や，火砕流の発生
  - 高潮や冷害，干害，雪崩などの災害もひんぱんに起こる

②被災地へのさまざまな支援

- 災害救助法：自然災害が発生した場合，国が都道府県や市区町村などと協力して被災者を保護→避難所や仮設住宅の整備，生活物資の供給，医療活動など
- 必要な場合，都道府県知事は自衛隊に派遣要請を行うことができる
- ボランティアの支援も被災地の復旧や復興を後おし

③防災対策と防災意識

- 火山の噴火などを予測する研究や，調査に基づく地域ごとの土砂くずれの被害予想などを行う→国や都道府県，市区町村が防災計画を立てる
- 防災マップ（ハザードマップ）の作成など災害が起きたときの対策が進む
- 東日本大震災により，自治体や住民の防災・減災への取り組みが変化

━━━━━ もっと地理 震災から命を守る （教科書）p.166 ━━━━━

①地震の原因

- 海溝型地震…プレートがしずみこむ境目の海溝やトラフ周辺の海底で発生→大きな津波が発生→東日本大震災や今後予測されている南海トラフ地震
- 内陸型地震…プレート内部の，主に内陸の地下で発生→ゆれによる激しい建物被害や土砂くずれなどによる被害が発生→熊本地震や阪神・淡路大震災

②津波が起こる仕組み

・津波…数秒間隔で海面が上下する普通の波とは異なり，大量の水が陸に向かっておし寄せる現象

・陸に向かう波と海へ帰る波が数分から数十分間隔で何度もくり返し発生

・海底が動くことで，その上に乗っている厚さ数千メートルの海水がおし上げられて起こる

・海底での地すべりや海岸での大きな山くずれでも津波が起こる

③地震と津波の被害

・液状化→地面が砂でできた低地で発生→地震の揺れで地盤がゆるみ地中から水・砂がふき出す→建物や電柱などがかたむく

・大きな津波の発生→沿岸地域に大きな被害→リアス海岸では海水が集中し津波が高くなる→より大きな被害に

・津波が河川をさかのぼる→速度が低下せず上流まで到達→より被害大

④命を守る取り組み

・リアス海岸が発達した三陸地域では何回か大きな被害→津波防潮堤が造られ，津波防災マップ（ハザードマップ）を作成→避難の指針に効果

・三陸地域ではくり返し避難訓練実施→岩手県釜石市で多くの命が守られた

関連用語	高地	標高が高く，起伏が大きくない場所	平野	標高が低く，海に面した平たんな場所
	高原	標高が高く，起伏が小さい場所	盆地	山に囲まれた平たんな場所
	丘陵	標高が低く，起伏が小さい場所	台地	平野や盆地のうち，一段高い平たんな場所

4 人口から見た日本の特色

①人口構成や分布の変化

・日本の人口…1940年代後半の「ベビーブーム」以降に人口が増加→1980年
　ごろから急速な高齢化と少子化が進み少子高齢化へ→2010年以降人口が
　減少→2015年時点で人口約１億2700万人

　　・人口ピラミッド…日本は「富士山型」から「つりがね型」,「つぼ型」へ変化

　　・世界有数の長寿国で,他国と比べて少子高齢化が急速に進んでいる

・人口密度の高い東京,神奈川,大阪,愛知などの都府県への

　人口集中→人口分布のかたより

・三大都市圏：東京,大阪,名古屋を中心とした大都市圏

・地方中枢都市：札幌,仙台,広島,福岡などの各地方の政

　治や経済の中心となっている都市

・政令指定都市：新潟,岡山,熊本などの政府によって指定を受けた人口

　50万人以上の市

②過密地域と過疎地域

・高度経済成長期の都市…人口や企業が集中

・過密：交通渋滞や住宅の不足,大気汚染,ごみ問題などが生まれた

・ドーナツ化現象：都心部の人口が減少し,郊外の人口が増加する現象

・都心回帰現象…1990年代に地価の低下→都心部の再開発で再び都心付近
　の人口が増加

・過疎：人口減少や高齢化が原因で,地域の経済が衰退し,地域社会の維
　持が難しくなる現象→山間部や離島などを中心に広がる

関　連　用　語

出生率,死亡率 国や地域などの一定の人口に対する,その国や地域での一定期間での出生数や死亡数の割合のこと。

都市圏 経済活動や日常生活などで,東京などの中心となる都市と,密接な関係を持つ地域のこと。

政令指定都市 政府によって指定を受けた人口50万人以上の市のこと。市民の健康や福祉に関する多くの事務を,都道府県に代わって行っている。

5 資源・エネルギーから見た日本の特色

①かたよる鉱産資源の分布／②資源輸入大国・日本

・鉱産資源：石油や石炭，鉄鉱石など，エネルギー源や工業製品の原料として使われる鉱物

・石炭…世界中に広く分布

・石油…西アジアのペルシャ湾沿岸からカスピ海沿岸地域，カリブ海沿岸地域に集中

・ウランやすず，ボーキサイト，レアメタル…さらにかたよった分布→激しい資源獲得競争

・鉱産資源のほとんどを外国からの輸入にたよっており，エネルギー自給率は著しく低い

③日本の発電方法の変化

・かつては水力発電で電力の多くを供給してきたが，現在は火力発電が中心

・課題…火力発電では地球温暖化の原因になる温室効果ガスが発生，原子力発電は東日本大震災による事故から原子力発電の在り方を議論中

④資源の活用と環境への配慮

・全国各地で再生可能エネルギーを利用する取り組み…太陽光や風力など

・工場や各家庭で行われているリデュース（ごみの減量）やリユース（再利用），リサイクルの取り組み

6 産業から見た日本の特色

①活性化を図る農林水産業

・日本の食料自給率：農産物の貿易が自由化したことで，安い農作物が大量に輸入されるようになり大幅に低下

・日本の農家…有機栽培や産地直送など，品質が高く安全な農産物で外国産の農産物に対抗

・交通網の整備や冷凍したまま輸送する技術の発達で，地方でも地域の特

超重要 鉱産資源には，石油，石炭，天然ガス，鉄鉱石などがある

❶世界の鉱産資源のかたよった分布の様子をつかんでおこう。❷日本の電力構成の変化を覚えておこう。❸日本の農業の特色はよくでるよ。❹国際化する日本の工業の様子をおさえよう。

色を生かした農林水産物の出荷ができるように

・伝統工芸や地場産業，観光業などを組み合わせ，地域の活性化を図る農村や山村，漁村が増加

②地域的な広がりを見せる工業

・太平洋ベルト：高度経済成長期に，太平洋や瀬戸内海沿岸に形成された臨海型の工業地域

・交通網の整備→交通網の整備によって工業地域が分散し，内陸型の新しい工業地域が形成

・日本は加工貿易に長く依存…原料を輸入して，優れた工業製品を輸出

・産業の空洞化：日本の企業が海外での生産を増やし，国内の産業が衰退

・最先端の研究開発を行い，その成果を生かして工業原料や部品，高機能な製品などを生産

③大都市圏に集中する商業・サービス業

・日本では第三次産業の仕事をする人が，全体の7割以上…情報サービス業や医療・福祉サービス業で働く人の増加，商業(卸売業や小売業)で働く人の減少

・インターネットの普及によってICT(情報通信技術)産業が成長→三大都市圏に企業などが集中

・近年では人工知能(AI)のあらゆる産業での活用が期待

関連用語

ペルシャ湾 イランとアラビア半島に囲まれた細長い湾。沿岸地域には油田や油田の島(バーレーン島)があり，近年は海底油田も開発。

原子力発電 ウランを燃料とする発電。燃料となるウラン235は，1gで石炭3tに相当するエネルギーを出すといわれている。

食料自給率 国内で消費している食料の量に対して，国内で生産している量の割合のこと。日本の食料自給率はおよそ40%である。

7 交通・通信から見た日本の特色

①使い分けられる交通

・通勤や通学など近距離の移動では鉄道やバス，自動車を利用→過疎<small>(かそ)</small>になやむ地域では，利用者が少ない鉄道やバスの路線の廃止<small>(はいし)</small>が課題

・中距離（300〜500km）の移動は新幹線，長距離は航空機の利用が増える

・貨物の輸送…個別に配送することが可能なトラックなどによる自動車での輸送の割合が高い

・航空機での輸送…電子機器やその部品などの軽くて高価な工業製品

・安く大量に運べる大型船による海上輸送…重くて体積が大きい石油や鉄鋼などの原材料や工業製品

・輸送手段を組み合わせて運ぶ工夫<small>(くふう)</small>…時間や費用だけでなく，環境<small>(かんきょう)</small>への影響<small>(えい)</small><small>(きょう)</small>をできるだけ小さくする

②発達する日本の交通網<small>(もう)</small>

・1960年代から新幹線，高速道路，航空網の整備が急速に進む

・高速交通網…新幹線,高速道路,航空網で日本各地を結ぶ→三大都市圏を中心に整備されている

・日本は，世界を結ぶ航空交通網や海上交通網が集中する拠点<small>(きょてん)</small>の一つ

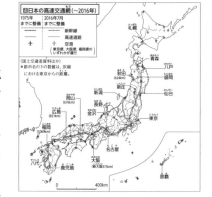

図日本の高速交通網（〜2016年）

③情報通信網の発達と生活の変化

・情報通信網…通信ケーブルや通信衛星，光ファイバーを使ったケーブル網による情報通信の高速化→インターネットの活用度が高まる

8 日本を地域区分しよう

・一つの視点から日本を区分して地図を作成，複数の地図を比較<small>(ひかく)</small>→地域的な特色やつながり，まとまりが見つけられる

①自然環境に着目して地域区分しよう

でる！ ❶情報通信網の発達と情報の地域格差を覚えておこう。❷日本の高速交通網や情報通信網の発達をおさえよう。❸日本の貨物輸送の変化は重要だよ。

・標高に着目：標高の高さごとに異なる色を塗り分け…中部地方に標高が高い地域が多い

・最深積雪量に着目：積雪ごとに異なる色を塗り分け

　→二つの地図を比較して，標高の高さと積雪の多さに関連が見られる地域もあると推測

②人口に着目して地域区分しよう

・平均年齢に着目：年齢層に応じて異なる色を塗り分け…三大都市圏など人口集中地域の平均年齢が低い

・合計特殊出生率に着目：出生率の高低に応じて異なる色を塗り分け…三大都市圏で出生率が低い

→二つの地図を比較して，人口集中地域では都市化と少子化が進行と推測

③資源・エネルギーと産業に着目して地域区分しよう

・第一次産業に従事する人口の割合に着目：率の高低に応じて異なる色を塗り分け…大都市圏からはなれた地方で比較的割合が高い

・一人あたりのバイオマス発電量に着目：量の多少に応じて異なる色を塗り分け…大都市圏からはなれた地方で多い

→両者の間に関連があると推測できる

④交通・通信に着目して地域区分しよう

・東京との鉄道での移動時間に着目：所要時間に応じて異なる色で塗り分け…新幹線の沿線では短時間で移動可能

・東京への移動手段として鉄道と飛行機どちらが多く使われているかに着目：鉄道と航空機，異なる色で塗り分け

→両者の地図から鉄道での移動が４時間をこえる地域では飛行機の利用が多いと推測

①これまでの主な発電方法の特徴

・水力発電：水が流れ落ちるときのエネルギーを利用し，タービン（原動機）を回転させて発電，夜間にダム下流の水をくみ上げ昼間に水を落下させる揚水式発電も

・火力発電：化石燃料などを燃やしたガスや熱で発生させた水蒸気でタービンを回転させ発電，発電所の多くは都市部に近い臨海部に建設，二酸化炭素の排出などが課題

・原子力発電：核分裂反応で発生する熱エネルギーを使って発生させた水蒸気でタービンを回転させて発電，発電所は都市部からはなれた海岸の近くに建設，事故が発生した際の被害の大きさなどが課題

②再生可能エネルギーを使った新しい発電方法の特徴

・太陽光発電：太陽電池によって太陽光を電力に変換して発電，小規模な設備でも屋根などで発電可能，発電量が天候によって左右されることなどが課題

・風力発電：風の力を利用し風車を回して発電，風車は海岸部や山間部に設置，風の強さによって発電量が左右されることが課題

・地熱発電：地熱で発生した水蒸気を利用してタービンを回して発電，発電所は火山活動が活発な地域に建設，効率よく一定の発電量を維持することが難しい

・バイオマス発電：バイオマス（生物資源）を燃やしてでる熱や発生したガスで発電，日本では廃棄物焼却時の熱エネルギーを利用した発電が主流

関連用語

光ファイバー　光通信に用いるために作られたもの。銅線に比べ，1000倍以上の情報を伝えることが可能。

合計特殊出生率　一人の女性（15〜49歳）が一生の間に生む子どもの平均人数。2018年の日本の平均は1.42。

三大都市圏　東京圏，大阪圏，名古屋圏。日本の人口の約50％を占める。

第一次産業　人間が自然に働きかけて行う産業。農業，林業，漁業など。日本における産業別人口の割合は3.1％（2017年）。

□火山の活動や地震の発生と大地の変動が活発な，帯
状の地帯を何というか。

変動帯

□変動帯以外の，火山の活動や地震が少ない地域は，
長い間の何と何の作用によって平たんになったか。

風化と侵食

□本州の中央部の地域で，飛驒，木曽，赤石の三つの
山脈は，標高が3000m前後の山々が連なる。何とよ
ばれているか。

日本アルプス

□日本アルプスから，その東側のある地形の地域を境
に，日本列島の東西の地形が大きく異なっている。
このある地形とは何か。

フォッサマグナ

□鳥取砂丘のように砂丘が発達することも少なくない
一面砂の海岸は何か。

砂浜海岸

□三陸海岸，志摩半島などに見られる，奥行きのある
湾と岬が連続した海岸を何というか。

リアス海岸

□東日本の太平洋沖から小笠原諸島の東側に沿って連
なる深さ8000mをこえる海底は何か。

海溝

□陸地の周辺にある，深さがおよそ200mまでのゆる
やかな傾斜になっている海底は何か。

大陸棚

□日本の太平洋側を流れているのは暖流の黒潮（日本
海流）と寒流の何か。

親潮（千島海流）

□東日本の太平洋の沖合で，黒潮と親潮とがぶつかる
場所を何というか。

潮境

□日本の川の特徴は，大陸の川に比べて傾斜が急で，
何がせまいか。

流域面積

□日本の平地は，海に面した平野と，内陸部の山地に
囲まれた何で成り立っているか。

盆地

□日本の平野と盆地の面積は国土の約何分の1か。 約4分の1

□川が山間部から平地に出た所に土砂がたまって造られた扇形の地形は何か。 扇状地（せんじょうち）

□川が海などに流れこむ所が，細かい土砂でうめ立てられた地形は何か。 三角州（さんかくす）

□周囲の低地より一段高い平らな土地を何というか。 台地

□大陸の東岸で，四季の変化がはっきりとしていて，日本列島の広い範囲も属している気候は何か。 温暖湿潤気候（しつじゅん）

□主に夏は海洋から陸に，冬は大陸から海洋に向かってふく風を何というか。 季節風(モンスーン)

□東アジアで，6月ごろから始まる降水量の多い時期は何か。 梅雨（つゆ）

□夏から秋にかけて赤道の北側で発生し，しばしば風水害を引き起こしているものは，何という熱帯低気圧か。 台風

□一年中気温が高く，降水量の多い南西諸島や小笠原諸島の気候は何か。 亜熱帯（あ）

□梅雨がないうえに降水量が少なく，冬の気温がかなり低くなる北海道の気候は何か。 冷帯(亜寒帯)

□冬に，雨や雪による降水量が多いのは日本海側か，それとも太平洋側か。 日本海側（にほんかい）

□年間を通して気温が低く，雨があまり降らないのは瀬戸内地方か，それとも中央高地か。 中央高地

□地震の震源が海底のとき，急に高い波が陸地におしよせる現象は何か。 津波（つなみ）

□夏の低温で作物の生育が悪くなる自然災害を何というか。 冷害

□地震などが起きたときの被害予測や，避難場所・防災関連施設などの情報が盛りこまれた地図とは何か。 防災マップ(ハザードマップ)

□地面が砂でできた低地において地震のゆれで地盤が　　　液状化
　ゆるみ地中から水や砂がふき出したりする現象を何
　というか。

□東日本大震災を引き起こした東北地方太平洋沖地震　　海溝型地震
　のような，プレートがしずみこむ境目の海溝やトラ
　フの周辺で起こる地震を何というか。

□阪神・淡路大震災を引き起こした兵庫県南部地震の　　内陸型地震
　ような，プレート内部の，主に内陸の地下で起こる
　地震を何というか。

□国や地域などの一定の人口に対して，その国や地域　　出生率
　での一定期間での出生数の割合を何というか。

□日本の人口は，1940年代後半のあるブーム以降，増　　ベビーブーム
　加していった。このブームとは何か。

□1980年を過ぎたころから生まれる子どもの数(出生　　少子高齢化
　数)が減り，高齢者が増えた。この現象を何という
　か。

□近年の日本の人口は，わずかに増加しているか，そ　　わずかに減少
　れともわずかに減少しているか。

□経済活動や日常生活などで，中心となる都市と密接　　都市圏
　な関係を持つ地域を何というか。

□日本の三大都市圏の中心都市は，大阪，名古屋とあ　　東京
　と一つはどこか。

□各地方の中心となる都市で，特に，札幌や仙台，広　　地方中枢都市
　島，福岡など政治や経済の中心となる都市を何とい
　うか。

□政府によって指定を受けた人口50万人以上の市で，　　政令指定都市
　市民の健康や福祉に関する事務を都道府県に代わっ
　て行っている都市を何というか。

□人口や企業が集中したため，交通渋滞や住宅不足，大気汚染，ごみ問題などの問題が起こった。大都市で起きているこの現象を何というか。	過密
□都心部の人口が減少し，郊外の住宅地の人口が増加する現象とは何か。	ドーナツ化現象
□人口の減少と高齢化が進み，地域の経済が衰退し，地域社会の維持が難しくなることを何というか。	過疎
□石油，石炭や鉄鉱石など，エネルギー源や工業製品の原料として使われる鉱物を何というか。	鉱産資源
□世界中に広く分布しており，中国とロシア，アメリカで世界の約6割を埋蔵している鉱産資源は何か。	石炭
□ペルシャ湾沿岸からカスピ海沿岸地域，カリブ海沿岸地域で，多く産出する鉱産資源は何か。	石油
□地球温暖化の原因である二酸化炭素やメタン，代替フロンなどのガス(気体)を何というか。	温室効果ガス
□廃棄されるパソコンや携帯電話などにふくまれる金や銀，希少金属を回収する取り組みを何というか。	リサイクル
□農産物の貿易が自由化し安い農産物が輸入されたことで何の割合が大幅に低下したか。	食料自給率
□太平洋や瀬戸内海などの沿岸に形成された臨海型の工業地域は何とよばれているか。	太平洋ベルト
□原料を輸入し，工業製品を造って輸出する貿易は何か。	加工貿易
□企業が工場などの生産の拠点を海外に移すことで，国内の産業が衰退することを何というか。	産業の空洞化
□ヨーロッパやアメリカ，カナダ，日本などの先進工業国では，第三次産業のどのような業種が成長しているか。	サービス業
□卸売業や小売業から成るものは何か。	商業

□サービス業の一つで，IT革命とよばれる情報通信技術　情報サービス業
　の発達により，重要な産業となっているものは何か。

□電子機器やその部分などのように，軽くて高価な工　航空機
　業製品の輸送には主に何が用いられているか。

□重い自動車などの機械類や石油，石炭などの輸送に　海上輸送
　主に利用する輸送手段は何か。

□国内の貨物輸送の手段として最も多いものは何か。　自動車

□三大都市圏で整備されている新幹線や高速道路，航　高速交通網
　空網などのネットワークを何というか。

□インターネットの活用度を高め，情報通信の高速化　光ファイバー
　を著しくしたケーブル網は何を使っているか。

□日本国内の人の移動で中距離に主に利用されている　新幹線
　交通機関は何か。

□トラックなどによる自動車での輸送の割合が高くな　貨物
　っているのは，何の輸送か。

□山地にダムを建設し，その水を利用する発電方法は　水力発電
　何か。

□石油や石炭，天然ガスを燃料とする発電方法は何か。　火力発電

□ウランを燃料とする発電方法は何か。　原子力発電

□輸入原料の運搬に便利で，電力需要の多い工業地域　火力発電所
　や大都市に近い平野の臨海部に建設された発電所は
　何か。

□人口密集地からはなれ，冷却水が得やすい海岸の近　原子力発電所
　くに建設された発電所は何か。

□火山活動などによる地熱で発電した水蒸気を利用し　地熱発電
　て，タービンを回して発電する発電方法は何か。

□バイオマス(生物資源)を燃やして出る熱や，発生し　バイオマス発電
　たガスで発電する発電方法を何というか。

1 世界から見た日本の自然環境について，次の問いに答えなさい。

(1) 火山の活動や地震の発生と大地の変動が活発な地帯を何というか答えなさい。
（　変動帯　）

(2) 日本アルプスの東側にあり，日本列島の地形を東西に分けている，南北にのびる大地溝帯名を答えなさい。
（　フォッサマグナ　）

(3) 右の地図を見て，次の問いに答えなさい。

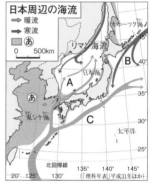

① 地図中の**A～C**に当てはまる海流名を，次の**ア～ウ**から選び，記号で答えなさい。

ア 親潮(千島海流)　　　　　A（　ウ　）

イ 黒潮(日本海流)　　　　　B（　ア　）

ウ 対馬海流　　　　　　　　C（　イ　）

② 地図中の**あ**は，深さ200mまでの平たんな海底地形である。この**あ**を何というか答えなさい。（　大陸棚　）

(4) 次の文の（　）に当てはまる語句を答えなさい。

　　平野や盆地には，主に三種類の地形が見られる。一つ目の（　①　）は，川が山間部から平地に出た所に土砂がたまって造られる扇形の地形である。二つ目の（　②　）は，川が海などへ流れこむ所に，川が運んできた細かい土砂などが堆積してうめ立てられた地形である。三つ目の（　③　）は，川に沿った低地より一段高い所に広がる平らな土地である。

①（　扇状地　）　②（　三角州　）　③（　台地　）

(5) 次のページの地図やグラフを見て，次の問いに答えなさい。

① 右の地図中の**A～F**に当てはまる気候区を，次の**ア～カ**から選び，記号で答えなさい。

ア 瀬戸内の気候　　　**イ** 太平洋側の気候

ウ　中央高地の気候
エ　南西諸島の気候
オ　日本海側の気候
カ　北海道の気候

日本の気候区分
(「理科年表」平成31年ほか)

A（　カ　）　B（　イ　）
C（　オ　）　D（　ウ　）
E（　ア　）　F（　エ　）

② 右のa，bのグラフに当てはまる気
候区を，地図中のA〜Fから選び，記
号で答えなさい。

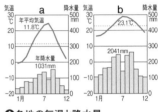

a（　D　）　b（　F　）

③ 梅雨のない気候区を，地図中のA〜
Fから選び，記号で答えなさい。

●各地の気温と降水量(「理科年表」平成30年)

（　A　）

2 人口から見た日本の特色について，次の問いに答えなさい。

(1) 日本の人口は，1940年代後半から増加したが，1980年からは出生率が
減少している。これによって生じた問題を何というか答えなさい。

（　少子高齢化　）

(2) 右のグラフを見て，次の問いに答え
なさい。

① このように，大都市に人口が集中
することを何というか。

（　過密　）

●三大都市圏への人口集中
(「国勢調査報告」平成27年ほか)

② 日本の人口の特徴について，（　）に当てはまる語句を答えなさい。

高度経済成長期には，地価の上昇によって，都心より郊外に人口が集
中する（　ドーナツ化　）現象が見られたが，都心部の再開発が進んだ
ことで，再び郊外より都心で人口が増加する（　都心回帰　）現象が起
こった。

❶ 資源・エネルギーと産業から見た日本の特色について，次の問いに答えなさい。

(1) 右のグラフを見て，次の問いに答えなさい。

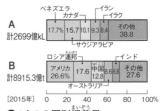

ベネズエラ　カナダ　┌イラン　┌イラク
A
計2699億kL　17.7%　15.7　10.1　9.3　8.4　その他 38.8
　　　　　　　　　　　└サウジアラビア

ロシア連邦　中国　┌インド
B
計8915.3億t　アメリカ 26.6%　17.6　12.8　8.6　6.8　その他 27.6
　　　　　　　　　　　└オーストラリア

[2015年]　0　20　40　60　80　100%

🔼**AとBの国別埋蔵量**
（「エネルギー・経済統計要覧」2017年版）

① A，Bに当てはまる鉱産資源を，次のア～エから選び，記号で答えなさい。

ア　ウラン　イ　石炭
ウ　石油　エ　鉄鉱石

A（　ウ　）B（　イ　）

② これらのグラフから，日本の資源・エネルギーについてどのようなことが考えられるか。（　）に当てはまる語句を答えなさい。

鉱産資源のほとんどを外国からの輸入にたよっており，

（　エネルギー自給率　）が低い。

(2) 右の地図中の**ア～ケ**の工業地帯，工業地域のうち，①京浜工業地帯，②瀬戸内工業地域，③中京工業地帯，④阪神工業地帯を表しているものを選び，記号で答えなさい。

①（　イ　）②（　キ　）
③（　オ　）④（　ク　）

日本の主な工業地帯・地域
██ 工業地帯・地域

ケ　ク　ア　イ　ウ
キ　カ　オ　エ

0　400km

(3) 右の地図中で，点線ではさまれた，太平洋や瀬戸内海沿岸に形成された臨海型の工業地域を何というか答えなさい。（　太平洋ベルト　）

(4) 日本の全就業者数のうち，7割以上をしめているのは，第何次産業なのか答えなさい。

（　第三次産業　）

❷ 交通・通信から見た日本の特色について，次の問いに答えなさい。

(1) 1960年代から整備が進んだ，新
幹線，高速道路，航空網などをま
とめて何というか答えなさい。

（　高速交通網　）

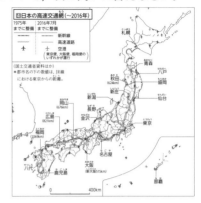

(2) 情報通信網の発達の上で，容量
が大きい情報を高速で送れるよう
にし，インターネットの活用度を
高めたケーブル網には何が使われ
ているか答えなさい。

（　光ファイバー　）

(3) 右のグラフ中の**A〜C**に当てはまる
ものを，次の**ア〜ウ**から選び，記号で
答えなさい。

ア 鉄道　　**イ** 船舶
ウ 自動車

A（　ウ　）B（　ア　）C（　イ　）

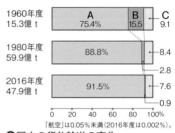

↑国内の貨物輸送の変化

（「交通経済統計要覧」平成27・28年版）

❸ 日本で行われている発電方法について，次の問いに答えなさい。

(1) 火力発電では，石炭，石油，天然ガスなど，動物や植物の死骸が地中
に堆積し，長い年月の間に変化してできた燃料資源を使って発電してい
る。この燃料資源を何というか答えなさい。　　　（　化石燃料　）

(2) 原子力発電では，核分裂反応を起こす際，何を燃料にしているか答え
なさい。　　　　　　　　　　　　　　　　　　　（　ウラン　）

(3) 広い土地に太陽光パネルをしきつめた大規模な発電施設のことを何と
いうか答えなさい。

（　メガソーラー　）

1 九州地方
教科書 p.185〜p.196

―自然とともに生きる人々の暮らし―

● **要点整理** ●

1 九州地方をながめて

①火山活動に由来する地形

・カルデラ：阿蘇山や桜島（御岳）などの火山の噴火でできた大きなくぼ地

・シラス：過去の大規模な火山活動の噴出物でできた地層

②温暖で多雨の気候

・暖流の影響で冬でも温暖，亜熱帯の南西諸島ではさんご礁が発達

・梅雨前線や台風の影響で梅雨から秋にかけて降水量が多い

2 自然環境に適応する人々の工夫

①火山とともに暮らす人々

・鹿児島県には多くの火山…桜島，霧島山，吐噶喇列島の島々など

・桜島は活発に活動する日本有数の火山…噴火のたびに周辺に灰を降らせる→火山灰を積もったままにしておくと事故の原因となる→鹿児島市では路面清掃車（ロードスイーパー）や「克灰袋」で火山灰を回収

②風雨とともに暮らす人々

・夏から秋にかけて，梅雨や台風の接近や通過の影響が大きい→沖縄県などの家屋はのきを低くする，しっくいで固めた屋根瓦や石垣などで対策

・雨が続く→特にシラスの地層では土砂くずれや土石流が起きやすい→河川の上流にダムを建設，間伐や植林を行い森林を計画的に整備

3 自然の制約の克服と利用

①火山のめぐみ

・大分県：温泉の源泉の数やわき出る湯の量が日本一，別府温泉や湯布院温泉は，国際的な観光地

超重要 四大公害病の一つ水俣病は化学工場の排水中のメチル水銀が原因

❶九州地方の火山活動と気候の様子をおさえよう。❷地域により異なる農業の特徴をつかんでおこう。❸シラスのくずれやすい地層と水害対策を覚えておこう。❹公害から環境保全への動きをつかもう。

・九州には全国の源泉の約3分の1がある
・八丁原発電所をはじめとした多くの地熱発電所→太陽光発電やバイオマス発電などの再生可能エネルギーを利用した発電も行われている

②気候と地形に応じた農業

・北部は稲作…比較的広い平野がある，筑紫平野が代表，二毛作を行う
・南部は畑作や畜産…牛や豚などの畜産，宮崎平野での野菜の促成栽培

③自然を生かした沖縄の観光

・沖縄県：暖かい気候，さんご礁が広がる自然環境を生かした観光業が盛ん→リゾートの開発などによってさんごが死滅するといった環境問題

④ 持続可能な社会をつくる

①工業化による地域の課題

・福岡県北九州市…1960年代に，大気汚染や排水による洞海湾の水質汚濁などの公害が発生→環境の大幅な改善→現在，廃棄物をリサイクルする工場や環境についての研究施設が集まるエコタウンに選定

②水俣病と克服への取り組み／③環境と開発の両立

・四大公害病の一つ水俣病…化学工場の排水の中のメチル水銀が原因
・安全な海に戻った水俣湾→水俣市はエコタウンや環境モデル都市に選定
・持続可能な社会…資源を循環利用する産業を育て，より良い社会を残す

━━━━━━ もっと地理 ICTで変わる離島の医療 教科書 p.196

①多くの離島がある長崎県／②離島の医療を変えたドクターヘリ／③ICTを生かした新たな医療の可能性

・長崎県の離島→約70の島に人々が居住→人口減で定期船の減便・廃止
・医療環境改善を目的にドクターヘリを導入→救急治療可能，救命率向上
・長崎県の医療機関で電子カルテを導入→インターネットによる遠隔診断

□日本列島の南西に位置する九州地方で，面積が最も
　広い島は何か。　　　　　　　　　　　　　　　　　　　　　九州島

□阿蘇山の周辺などで見られる，火山灰や溶岩がふき
　出したあとにできたくぼ地を何というか。　　　　　　　　カルデラ

□桜島（御岳）を取り囲むカルデラに海水が入ってでき
　た湾は何か。　　　　　　　　　　　　　　　　　　　　　　鹿児島湾

□火山活動による噴出物が，長い年月を経て積み重なっ
　てできた地層は何か。　　　　　　　　　　　　　　　　　　シラス

□冬でも比較的温暖な九州地方の気候に影響をあたえ
　ているのは，黒潮（日本海流）と何海流か。　　　　　　　　対馬海流

□屋久島より南の島々の沿岸は冬でも海水が温かいこ
　とから，何が発達しているか。　　　　　　　　　　　　　　さんご礁

□活発に活動する日本有数の火山である桜島が噴火の
　たびに周辺に降らせるものは何か。　　　　　　　　　　　　火山灰

□火山灰への対策として鹿児島市が走らせている，道
　路を掃除する車を何というか。　　　　　　　　　　　　　　路面清掃車（ロー
　　　　　　　　　　　　　　　　　　　　　　　　　　　　　　ドスイーパー）

□九州地方で最も雨が多く降る時期はいつか。　　　　　　　梅雨から夏

□九州地方は，豪雨や強風をともなう何の接近や通過
　が多くみられるか。　　　　　　　　　　　　　　　　　　　台風

□大分県九重町にある地熱発電所は何というか。　　　　　　八丁原発電所

□沖縄の温かくきれいな海水により発達し，波から島
　を守り，観光資源ともなっているものは何か。　　　　　　さんご礁

□筑紫平野をはじめとする北部で盛んに行われている
　農業は何か。　　　　　　　　　　　　　　　　　　　　　　稲作

□筑紫平野で行われている，稲作の終わった冬に小麦
　などを裏作として栽培することを何というか。　　　　　　二毛作

□稲作に適さないシラスが広がる南部で，盛んな農業は畑作と何か。 畜産（ちくさん）

□ビニールハウスなどを利用して野菜などの出荷時期を早める栽培方法を何というか。 促成栽培（そくせい）

□きゅうりやピーマンなどの促成栽培が盛んな九州南部の平野はどこか。 宮崎平野（みやざき）

□豪雨が続くと，斜面（しゃめん）がくずれやすくなって引き起こされることがある自然災害は何か。 土砂くずれ（どしゃ）

□流れ出た土砂や木が川をせき止め，それが一気に流れ出ることを何というか。 土石流

□土砂（どしゃ）くずれが起こりやすい地域の河川の上流（かせん）に，土砂や木の流出を防ぐために建設されたダムは何か。 砂防ダム（さぼう）

□適切な樹木の量を保つため，混みすぎた森林の立木を一部伐採（ばっさい）することを何というか。 間伐（かんばつ）

□1960年代に発生した，工場から出るけむりによる大気汚染（おせん）や，排水（はいすい）による洞海湾（どうかいわん）の水質汚濁（おだく）を何というか。 公害

□1967（昭和42）年に施行された，有害物質の排出規制（はいしゅつ）の法律を何というか。 公害対策基本法

□熊本県（くまもと）にある化学工場が，排水とともに流したメチル水銀が魚に蓄積（ちくせき）され，その魚を食べた人たちが発病し，四大公害病の一つとなったのは何か。 水俣病（みなまたびょう）

□ペットボトルやパソコン，自動車部品などの廃棄物（はいき）をリサイクルする工場を集めた北九州市は，何に選ばれているか。 エコタウン

□九州の各地では，環境（かんきょう）にできるかぎり負担をかけずに開発を進めようと努力している。どのような社会の実現を目指しているのか。 持続可能な社会

2 中国・四国地方
―交通・通信とともに変化する人々の暮らし―

教科書　p.197〜p.208

● 要点整理 ●

1 中国・四国地方をながめて

①自然環境の異なる地域／②二つの山地にはさまれた地域

・中国地方を二つに分けるなだらかな中国山地，四国には険しい四国山地
・山陰：冬は北西の季節風の影響で雨や雪が多い
・南四国：しめった風がふきこみやすく夏の降水量が多い
・瀬戸内：降水量が少ない→生活用水や農業用水を得るために工夫→讃岐平野のため池や早明浦ダムからの用水路

③交通・通信網の整備で変わる地域

・1980年代末から瀬戸内海に三つの本州四国連絡橋が開通→中国地方と四国地方との結び付きが強まる

2 交通網の整備と人や物の移動の変化

①地方内で深まるつながり／②地方をこえて広がるつながり

・本州四国連絡橋や高速道路の開通により人と物のつながりが深まる
・九州地方と中国地方…3本のトンネルと1本の橋でつながる
・四国地方と近畿地方…大鳴門橋と明石海峡大橋でつながる

③ストロー現象

・ストロー現象：都市の間が交通網で結ばれ，大都市に人が吸い寄せられて移動する現象

3 交通網が支える産業とその変化

①瀬戸内の都市の歴史

・広島県や岡山県などに人口が集中，県庁所在地の多くは城下町が起源

②海で結ばれた工業地域

超重要 全国に工業原料などを供給している瀬戸内工業地域

・瀬戸内工業地域：製鉄所や石油化学コンビナート，自動車関連の企業や工場などが集まった工業都市のまとまり

③全国に出荷される農水産物

・南四国や瀬戸内…温暖な気候→野菜や果物の生産，高知県の促成栽培

・山陰…鳥取県のなし

・瀬戸内海…魚介類の養殖(広島県のかき，愛媛県のまだい)

4 活用される交通・通信網

①町おこし・村おこし

・進む過疎化…山間部と離島で公的なサービスの提供が難しくなる

・特色のある観光資源や交通・通信網を活用した町おこし・村おこし

②橋で変わる島の暮らし

・山口県の角島→橋で本州とつながると多くの観光客が訪れるように

・映画やコマーシャルの撮影場所として協力し，地域を活性化

③インターネットで変わる山間地の暮らし

・徳島県上勝町→料理に色どりをそえる笹や桜の花などの素材をインターネットを通じて大都市の料理店に販売

④世界から地域に来訪，地域から世界に発信

・香川県の直島→芸術を通じた町おこしの情報を世界に発信

━━━ もっと地理 瀬戸内海をきれいな海に～赤潮の発生と対策～ 教科書 p.208 ━━━

①赤潮ってどんな現象？／②赤潮の大発生が続いた瀬戸内海／③赤潮から海を守る

・赤潮の発生原因…主に夏季，植物性プランクトンが大量発生し起こる

・高度経済成長による生活排水，工場排水の増加で栄養分が増し，頻発

・1973年に法律が制定，工場排水などを規制，下水道整備→発生数が減少

□中国地方にある1000m前後のなだらかな山並みが続く山地は何か。 ／ 中国山地

□四国地方にある険しい山地は何か。 ／ 四国山地

□中国地方を二つに分けている山地の北側の地域は何か。 ／ 山陰

□中国地方を二つに分けている山地の南側の地域は何か。 ／ 山陽

□雪が多く降る山陰で，冬にふく季節風の風向きは何か。 ／ 北西

□中国山地と四国山地にはさまれ，年間を通して降水量が少ない地域のよび方は何か。 ／ 瀬戸内

□農業用水が不足しがちな讃岐平野などで，水を確保するためにつくられた人工の池は何か。 ／ ため池

□かつて瀬戸内海沿岸で，雨の少ない気候と潮の干満を生かし，海水を乾燥させて塩を得るのに用いられていた施設は何か。 ／ 塩田

□中国・四国地方で人口が集中しているのは，瀬戸内の岡山県や何県などか。 ／ 広島県

□広島，岡山，高松，松山など，中国・四国地方の県庁所在地のある都市の起源は何か。 ／ 城下町

□海上交通の便の良い瀬戸内海沿岸で，1960年代に造られた工業地域は何か。 ／ 瀬戸内工業地域

□1960年代に水島や徳山，新居浜などに建設された，石油化学や石油精製に関する工業施設の集合体は何か。 ／ 石油化学コンビナート

□四国で，ビニールハウスを利用したきゅうりやなすなどの野菜の促成栽培が盛んなのは何県か。 ／ 高知県

□おだやかな海域が多い瀬戸内海で，広島県のかきや愛媛県のまだいなどで行われている，育てる漁業の一つは何か。 ／ 養殖

□広島市の中心部にある世界遺産（文化遺産）に登録された建築物は何か。	原爆ドーム
□中国・四国地方で，特に山間部や離島で問題となっている大幅に人口が減少する状態とは何か。	過疎化
□過疎化に直面する市町村で，その地域の特産物を地域ブランドとして売り出すなど，地域の活性化を目指す動きを何というか。	町おこし・村おこし
□1999年に全て完成した児島・坂出，神戸・鳴門，尾道・今治の３ルートをまとめて何というか。	本州四国連絡橋
□1988年に，岡山県倉敷市と香川県坂出市の間に造られた橋は何か。	瀬戸大橋
□福岡県北九州市と山口県下関市をつなぐのは何か。	関門トンネル
□徳島県鳴門市と兵庫県神戸市を１時間30分ほどで結ぶようになった，1998年に開通した橋は何か。	明石海峡大橋
□交通網の整備により，地方から買い物や観光などをするため大都市へと人が吸い寄せられる現象は何か。	ストロー現象
□高知県では，なすやピーマンなどの野菜を，ビニールハウスを利用し盛んに育てているが，その栽培方法を何というか。	促成栽培
□徳島県上勝町では何を活用して料理にそえる素材を販売し注目されているか。	インターネット
□2000年に橋で本州とつながったことで多くの観光客が訪れるようになった山口県の島はどこか。	角島
□せまい海や流れの影響が少ない海や湖で，夏を中心に植物性プランクトンが大量発生し，水面が真っ赤にそまったように見える現象を何というか。	赤潮
□高度経済成長時，家庭や工場からの何によって海中の栄養分が増し，赤潮が大量発生したのか。	排水

3 近畿地方
―都市・農村の変化と人々の暮らし―

教科書　p.209〜p.220

● 要点整理 ●

1 近畿地方をながめて

①近畿地方の地形

・北部の若狭湾や東部の志摩半島でみられるリアス海岸

・北部：なだらかな山地／中央部：大阪平野や播磨平野などの平地，中央部の琵琶湖からは大阪湾へと淀川が流れる／南部：険しい紀伊山地

②南北で大きく異なる気候

・北部：冬は北西からの季節風の影響で雨や雪が多い／南部：暖流の黒潮（日本海流）や夏の季節風の影響で，温暖で雨が多い／中央部：降水量が少なく，盆地では夏の暑さと冬の冷え込みが厳しい

・大阪湾や伊勢湾沿岸は土地が低い→堤防や水門などを整備

③中央部に集中する人口

・中央部の平野や盆地に人口が集中→大阪市は1960年代後半から減少

2 大都市圏の形成と都市の産業

①都市の成り立ちと郊外の広がり

・大阪大都市圏：大阪を中心に神戸や京都などに広がる→強いつながり

・近畿の私鉄…住宅地と商業地や行楽地とを結び付けたまちづくり

②大都市の産業の特色

・阪神工業地帯：大阪湾の臨海部のうめ立て地を中心地として発展

・他地域などとの競争で生産伸びず→高層マンションなどを建設して再開発

③都市の課題と対策

・都市の工場の多くは住宅地にある→工場から出る騒音や振動が周辺住民の生活環境に悪影響も→条例等で規制し，工場と住民との共存を目指す

超重要 琵琶湖は日本最大の湖，淀川の下流域に広がる大阪平野

でる！ ❶近畿地方の地形と気候の特色をつかんでおこう。❷阪神工業地帯の工業の変遷の様子をおさえよう。❸観光資源と世界遺産をおさえておこう。❹商業が盛んだった大阪と問屋街を覚えておこう。

3 ニュータウンの建設と都市の開発

①山を切り開いたニュータウン建設

・神戸市の開発…丘陵地をけずった平地にニュータウンを建設→けずった土を臨海部のうめ立てや人工島の建設に利用

②ニュータウンにおける課題

・建物の老朽化や住民の少子高齢化→ターミナル駅の周辺で再開発

③都市の開発と歴史的町並み

・都市部の課題…開発の中で歴史的な町並みをどのように保存するか

・調和を考えながら形づくられた京都市などの景観は観光資源

・町並みの景観を損なわないための規制→住民が持つ自由に建物を建てる権利との調整が課題

4 変化する農村の暮らし

①過疎化が進む地域の課題

・都市部からはなれた山間部や離島…過疎化が進み人口に占める高齢者の割合が高まる→農林水産業を支える農村や漁村の活性化が重要な課題

②特色を生かした山村の取り組み

・奈良県川上村…水を守り，都市部の人々と交流して村の活性化を図る

③農産物の価値を高める取り組み

・京都府和束町…宇治茶を「和束茶」として売り出す地域ブランドを立ち上げ，新商品の開発やインターネット販売を行い収益の増加に取り組む

━━━━━ **もっと地理** 歴史的な景観を生かしたまちづくり **教科書** p.220 ━━━━━

①古都奈良に残る伝統的な町並み／②伊勢神宮とともに残る町並み

・奈良町：世界文化遺産である元興寺の旧境内を中心とする地域

・伊勢神宮参道：1970年代に観光客減少→観光資源としての町並み再現

□近畿地方は2府5県で構成されている。5県は三重，滋賀，兵庫，奈良，和歌山で，2府は何と何か。	大阪府と京都府
□近畿地方が面している海洋は，北の日本海，西の瀬戸内海と南の何という海洋か。	太平洋
□海岸線が複雑に入り組んでいるリアス海岸があるのは，北部の若狭湾と三重県の何半島か。	志摩半島
□近畿地方の三つの地域の一つで，なだらかな山地があり，冬に積雪が見られるのはどの地域か。	北部
□近畿地方の中央部にある日本最大の湖は何か。	琵琶湖
□大阪平野を流れ大阪湾に注いでいる河川は何か。	淀川
□近畿地方の南部で，すぎやひのきが生産されている険しい山地は何か。	紀伊山地
□六甲山地や生駒山地に囲まれた，近畿最大の平野は何か。	大阪平野
□瀬戸内海に位置し，本州や四国と結ばれている島は何か。	淡路島
□和歌山県の山の斜面で温暖な気候を利用して栽培されているのは，みかんと何か。	梅
□台風により高潮や洪水の被害を受けやすいのは，大阪湾や伊勢湾の沿岸のどのような土地か。	低い土地
□志摩半島のリアス海岸では何が養殖されているか。	真珠
□近畿ではどの地域の平野や盆地に人口が集中しているか。	中央部
□大阪市の人口は増加しているか減少しているかどちらか。	減少している
□日本有数の工場密集地帯である自治体はどこか。	東大阪市

☐ 1995年に発生し，近畿地方を中心に大きな被害を出した地震は何か。	阪神・淡路大震災
☐ 大阪を中心に神戸や京都，奈良など，人や物の移動で強いつながりを持つ地域を何というか。	大阪大都市圏
☐ 大阪湾の臨海部のうめ立て地を中心として発展した工業地帯は何か。	阪神工業地帯
☐ 神戸市が，海と山の一体的開発をするため，丘陵地を切り開き，そこに建設したものは何か。	ニュータウン
☐ 海や湖を土砂などでうめて陸地にすることを何というか。	うめ立て
☐ 都心と郊外，近県の各地を結ぶ鉄道の起終点駅を何というか。	ターミナル駅
☐ 大都市の中心部で，古い建物を壊したりして計画的に開発し直すことを何というか。	再開発
☐ 京都市で，自然環境や，木造の家屋や寺院，庭園など，全体の調和を考えた何が観光資源になっているか。	町並み
☐ 約50年経過した千里や泉北ニュータウンなどで現在起こっている住民の新たな課題は何か。	少子高齢化
☐ 若者が都市部に移り住むなどして，日常生活に影響が出るほど人口が減少する現象を何というか。	過疎化
☐ 過疎化している地域の主要産業は何か。	農林水産業
☐ 紀の川（吉野川）の水源地であることを生かした村づくりに取り組んでいるのはどこか。	川上村
☐ 買い物の不便さなどを補うために食品や日用品を車に乗せ過疎地などで販売することを何というか。	移動販売
☐ 奈良市の旧市街にある奈良町は，何を行うことによって，昔ながらの町並みを残しつつ観光地となったか。	まちづくり

4 中部地方
―活発な産業を支える人々の暮らし―

● 要点整理 ●

1 中部地方をながめて

①日本の屋根

- 日本アルプス：飛驒山脈，木曽山脈，赤石山脈→標高3000m級の山々
- 火山：富士山，浅間山，御嶽山などの活火山
- 河川…木曽川や天竜川などは太平洋，信濃川や黒部川などは日本海に注ぐ
- 平地…河川の上流部に甲府盆地や松本盆地，下流部に濃尾平野や越後平野

②三つの気候

- 東海は太平洋側の気候，北陸は日本海側の気候，中央高地は内陸性の気候

- 冬の気候…東海：晴れて乾燥した日が多い／北陸：世界でも有数の豪雪地帯／中央高地：冷えこみが厳しく，0℃を下回る日も多い

- 夏の気候…中部地方全体が暑くなる／中央高地：標高が高いためすずしく過ごしやすい

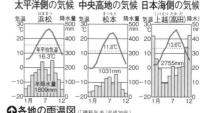

太平洋側の気候　中央高地の気候　日本海側の気候

↑各地の雨温図（『理科年表』平成30年）

③特色ある産業

- 工業生産額が最も高く，農業生産額も九州地方や関東地方に次いで高い

2 特色ある東海の産業

①世界をリードする東海の工業

- 名古屋大都市圏：名古屋市と周辺の都市で形成
- 豊田市周辺には多くの自動車関連工場

超重要 中京工業地帯の工業生産額の65％以上は機械がしめている

でる! ❶三つに分かれる気候の特色を確実に覚えておこう。❷東海の交通の大動脈と都市の関係をおさえておこう。❸中京工業地帯の特徴をつかんでおこう。❹三つの地域の農業の特色は重要だよ。

- 伊勢湾の臨海部：石油や鉄鉱石といった工業の原料を加工する工場
- 中京工業地帯：名古屋市を中心に臨海部の工場と内陸部の都市にある工場とが結び付いた，世界有数の先進的な工業地域
- 東海工業地域：静岡県浜松市や富士市などを中心に太平洋岸に広がり，オートバイや楽器の製造や製紙などの工業が発達

②東海の工業の課題

- 近年では，急速な国際化や技術革新の進展への対応が課題

③温暖な気候を生かした農業

- 静岡県の沿岸部：温暖な気候→南向きの斜面でみかんの栽培，温室を利用したいちごやメロンの生産など
- 知多半島や渥美半島の水不足…愛知用水や豊川用水によって解消→現在では，キャベツなどの野菜や花を栽培する施設園芸農業が盛ん

3 特色ある中央高地の産業

①土地の特色を生かした農業

- 中央高地の甲府盆地や長野盆地…扇状地が広がる
- 盆地の中央部…傾斜が急な扇状地は水田に適さない→昼と夜との気温差と水はけの良さを生かし，りんごなどの果樹栽培が盛ん
- 高速道路などの交通網の整備により，都市部への短時間での出荷が可能になり，観光用の農園も増加
- 山梨県：ワイナリーが多く集まる
- 八ヶ岳や浅間山のふもとの高原：第二次世界大戦後に開拓され，牧畜や野菜の生産が開始→交通網の整備や保冷車の普及により，レタスやキャベツなどの高原野菜の栽培が盛んに

②製糸業から発達した中央高地の工業

・諏訪湖周辺：明治時代以降，蚕から生糸を作る製糸業が発達→第二次世界大戦後には精密機械工業が発達→1980年代からは，コンピューター関連の電子機器の製造も盛んに

③観光業と持続可能な地域づくり

・妻籠宿などの宿場町や岐阜県白川郷,富山県五箇山の合掌造り集落には多くの観光客→特色ある歴史的な家屋や町並み，伝統的な生活を受けつぐ

4 特色ある北陸の産業

①豊富な水を生かした北陸の産業

・古くから稲作が重要な産業→1950年代からの土地改良事業で，北陸は日本を代表する水田地帯に

・冬の降雪量が多く，春から夏にかけては，雪解け水で川の水量が豊富

・冬は耕作をせず，一年を通して稲作だけを行う→秋の長雨をさけ，出荷時期を早める早場米の産地として有名

・新潟県：米を原料にした食品の製造が盛ん

・黒部川流域などでの水力発電に支えられて産業が発展

・富山県：アルミニウム加工，ファスナーやサッシ生産などの関連産業が発展→港の整備により，アルミニウム工業の工業地帯が生まれる

②雪国で育った伝統産業

・冬期の農業以外の産業も発達→日本最大の合成せんいの産地に

・小千谷ちぢみや輪島塗，高岡銅器，越前和紙などの伝統産業や，富山の製薬や売薬などの地場産業，福井県鯖江市の眼鏡フレームの製造など

━━━━━ もっと地理 富士山の環境を守る取り組み （教科書） p.232 ━━

①富士山は日本一美しい山？

・富士山：世界文化遺産，標高日本一，信仰対象→登山客増加でごみ問題

②増え続ける排せつ物をどう減らす？

・登山客の排せつ物の増加に対応するため，バイオトイレ設置→少ない

③富士山をきれいに保つためには？

・登山道整備や救護施設の費用の問題→有料トイレ，協力金，寄付金制度

□日本列島の中央部にある中部地方を構成するのはいくつの県か。	9つ
□日本アルプスとよばれている三つの山脈は，木曽山脈と赤石山脈とあと一つは何山脈か。	飛驒山脈
□中部地方を三つの地方に区分したとき，北陸，中央高地とあと一つは何か。	東海
□木曽川や天竜川が注いでいるのは，太平洋か，それとも日本海か。	太平洋
□越後平野を貫流して日本海に注ぐ日本最大の長さを持つ河川は何か。	信濃川
□濃尾平野にある，川に囲まれた標高の低い地域への洪水を防ぐために地域を輪のように囲んで作られた堤防のことを何というか。	輪中
□東海は日本海側の気候か，それとも太平洋側の気候か。	太平洋側の気候
□中部地方で，冬に日本海からふきこむ湿気をふくんだ北西の冷たい季節風により，世界的に見ても積雪量が多い地域はどこか。	北陸
□中部地方の高原地帯で，夏にすずしい気候となる地域はどこか。	中央高地
□中央高地の甲府盆地や長野盆地に広がっている扇形の地形を何というか。	扇状地
□静岡県浜松市や富士市などを中心に太平洋沿岸に広がるのは何工業地域か。	東海工業地域
□上記の工業地域では，ある乗り物の製造が発達したが，それは何か。	オートバイ

□特定の地域に集まっていて，資金や原材料の面でその地域と密接に結び付いて発達した産業は何か。	地場産業
□名古屋を中心として，臨海部の工業原料を加工する工場と内陸部の都市にある製品を造る工場などが集まってできた世界有数の先進的な工業地帯は何か。	中京工業地帯
□眼鏡フレーム製造で，国内生産量の約90％，世界の生産量の約20％をしめる福井県の都市はどこか。	鯖江市
□中央高地の水田に適さない扇状地で，かつて行っていた，蚕から生糸を作る産業は何か。	製糸業
□中央高地の扇状地で栽培が盛んで，その生産量が山梨県が第1位，長野県が第2位の果樹は何か。	ぶどう
□第二次世界大戦後に長野県諏訪湖周辺で発達した工業は何か。	精密機械工業
□八ヶ岳や浅間山のふもとの高原で，栽培されるレタスなどの野菜を何というか。	高原野菜
□静岡県の牧ノ原で明治時代に栽培が広がった作物は何か。	茶
□知多半島に木曽川から水を引いた用水は何か。	愛知用水
□渥美半島に豊川，天竜川から水を引いた用水は何か。	豊川用水
□知多半島や渥美半島で行われている，キャベツなどの野菜や花をビニールハウスや温室などで育てる農業を何というか。	施設園芸農業
□夜間に照明を当てて開花時期をおくらせて出荷する菊を何というか。	電照菊
□北陸地方で，秋の長雨をさけて，早い時期に出荷する米を何というか。	早場米
□米菓や切餅の出荷額日本一の都道府県はどこか。	新潟県
□名古屋市と周辺の都市が形成している都市圏は何か。	名古屋大都市圏

要点整理

1 関東地方をながめて

①関東地方の地形と気候

・関東地方…本州の中央部に位置する

・平野と山地：関東地方の面積の約50％をしめる関東平野，北部には越後山脈や阿武隈高地，西部に関東山地

・河川：流域面積が日本最大の利根川，荒川や多摩川など

・低地は水田地帯／台地は火山灰が堆積した関東ロームとよばれる赤土におおわれて，多くは畑作地帯

・関東地方の内陸部の冬は，からっ風とよばれる冷たい北西の季節風がふき，乾燥しており，夏は高温で蒸し暑い

・東京都や周辺部…気温が周辺よりも高いヒートアイランド現象

②関東地方の人口と産業

・人口：日本の総人口の約3分の1をしめる

・東京大都市圏：特に人口の多い東京，神奈川，埼玉，千葉の4都県で形成→商業やサービス業などの第三次産業が発達

・臨海部に京浜工業地帯や京葉工業地域，内陸部にも工業地域が分布

・農業…都市部に野菜を出荷する近郊農業

③日本の交通と通信の中心・東京

・東京を中心に新幹線，高速道路が放射状に走る

・東京国際空港(羽田空港)や成田国際空港，東京湾沿岸の貿易港は日本や世界の各地につながっている

・インターネット関連企業やテレビ局などの情報通信業は東京に集中

2 世界と結び付く東京

①日本の中心都市・東京

- 首都である東京に集中する国会や中央省庁などの中枢機能→周辺に金融機関，報道機関などの情報通信産業などさまざまな企業の本社や本店が集中

②世界都市・東京

- アメリカのニューヨークやイギリスのロンドンと並び，世界の国々と結び付いた世界都市
- 日本に進出している外国企業の多くが，東京に事務所を設けている
- 臨海部では再開発が進められている

③世界への玄関口の関東地方

- 世界と日本とを結ぶ玄関口…成田国際空港や東京港，横浜港などの貿易港
- 外国の企業や大使館が集まる東京には，長期間にわたって住み，仕事をしている外国人も多い

3 東京を生活圏とする人々の暮らしと交通

①東京大都市圏の拡大

- 第二次世界大戦後，地方からの人口の流入が急増し，人口の集中が進む
- 都心の地価が上がり住宅地が不足→郊外へと放射状に延びる鉄道沿線が開発され，東京大都市圏が急速に拡大

②通勤・通学圏の広がりと課題

- 郊外の多くの都市では，昼間人口が夜間人口よりも少なくなる
- 都心と郊外を結ぶ鉄道が集まる新宿，池袋，渋谷などのターミナル駅…朝夕の時間帯に通勤・通学ラッシュとよばれる混雑
- 都市の課題を解決するために，東京中心部に集中するさまざまな機能の分散の動き…神奈川県の横浜みなとみらい21，千葉県の幕張新都心など
- 都心部の再開発…品川駅，六本木，汐留周辺で大型商業施設や高層ビルの建設

超重要 関東地方には面積が日本最大の関東平野と流域面積が日本最大の利根川がある

③充実した観光産業

・人口が多く，交通網が整備された関東…余暇を楽しむための施設など

4 関東地方の多様な産業

①東京湾岸と北関東の工業地域

・人口が集中する関東は大消費地…物流センターや卸売市場があり，人や物の移動が活発

・東京湾の臨海部の京浜工業地帯や京葉工業地域…石油化学コンビナートや製鉄所，火力発電所などが立ち並ぶ，横浜港や川崎港などの貿易港

・内陸部の工業…機械や食品加工，印刷などの工場が多く見られ，北関東工業地域を形成

②大消費地と農業

・関東平野の畑作地域…都市部に野菜を出荷する近郊農業，大消費地に近いことで畜産も盛ん

・周辺の山間部では冷涼な気候を生かした高原野菜の栽培も盛ん

					茨城	千葉	長野5.0	北海道4.5
キャベツ 128.0万t	群馬 18.5%	愛知 18.1		8.1	8.0			その他 27.1

神奈川5.7┘　┗鹿児島5.0

			北海道3.6┐ ┌群馬3.0
白菜 72.7万t	茨城 31.6%	長野 28.8	その他 33.0

	北海道5.7┐ ┌群馬4.1			
ねぎ 37.4万t	千葉 14.5%	埼玉 12.5	茨城 12.0	その他 47.5

大分3.7┘

[2017年] 0　20　40　60　80　100%

↑主な野菜の生産量の県別割合
（「野菜生産出荷統計」）

━ もっと地理 オリンピック・パラリンピックと東京 教科書 p.244 ━

①東京オリンピック・パラリンピックがかかげたもの

・復興をテーマに，「TOKYO2020」では，東北地方の被災地と連携，復興支援

②大会を機に変化する東京の景観

・既存施設を活用もメインスタジアムは建てかえ，臨海部は景観が変化

③大会を支える交通とICT

・ビッグデータを情報発信や安全対策で活用，効率的な大会運営を行う

□ 本州の中央部に位置する関東地方を構成しているの
は，何都何県か。 | 1都6県

□ 関東地方の面積の約50％をしめている日本最大の平
野は何か。 | 関東平野

□ 関東平野を流れる，流域面積が日本最大の河川は何か。 | 利根川

□ 関東地方に見られる，川の侵食でできた台地をおお
っている富士山などの火山灰が堆積してできた赤土
を何というか。 | 関東ローム

□ 内陸部では冬は乾燥し，冷たい北西の季節風がふく。
この風は何とよばれているか。 | からっ風

□ 東京都や周辺部で，気温が周囲より高くなる現象は何
か。 | ヒートアイランド現象

□ 関東地方の人口は，日本の人口の約何分の1をしめ
ているか。 | 約3分の1

□ 1都3県をふくむ都市圏を何というか。 | 東京大都市圏

□ 東京都，神奈川県，埼玉県，千葉県で，就業者人口
の7割以上が就業している産業は何か。 | 第三次産業

□ 東京のように国の政府があり，国の政治の中心地に
なっている都市を何というか。 | 首都

□ 国会議事堂や主な中央省庁，最高裁判所など，国を
動かす中心的な機能を何というか。 | 中枢機能

□ 東京やアメリカのニューヨーク，イギリスのロンド
ンのような政治，経済，文化などの中枢機能が集積
し，世界の国々と結び付いた都市を何というか。 | 世界都市

□ 全国の人口1億2589万人（2016年）のうち東京都が占
める割合は約何％か。 | 10.3％

□都道府県別の在留外国人数は東京都が第1位(2016年)だが，東京には全国の在留外国人の約何％が集まっているか。	約20％
□東京郊外の多くの都市では，昼間人口と夜間人口どちらの人口が多いか。	夜間人口
□都心と郊外とを結ぶ鉄道の起終点駅のことを何というか。	ターミナル駅
□東京の都市機能を分散させるために神奈川県に建設された都市は何か。	横浜みなとみらい21
□東京湾の臨海部に発達しているのは，京葉工業地域と何工業地帯か。	京浜工業地帯
□機械や食品加工，印刷などの工場が多く見られる，関東内陸部の工業地域を何というか。	北関東工業地域
□埼玉県，千葉県，茨城県で，大消費地の東京などに近いという条件を生かして都市向けに野菜などを出荷している農業を何というか。	近郊農業
□白菜の生産量が最も多い都道府県はどこか。	茨城県
□ねぎの生産量が最も多い都道府県はどこか。	千葉県
□キャベツの生産量が最も多い都道府県はどこか。	群馬県
□夏でも冷涼な気候を生かし，山間部でキャベツやレタスなどの野菜が生産されている。これらの野菜は何とよばれているか。	高原野菜
□「TOKYO2020」のテーマは何か。	復興
□「TOKYO2020」に向けて建てかえられたメインスタジアムを何というか。	国立競技場
□「TOKYO2020」で活用されているICT(情報通信技術)のうち，分析することで人々の移動量やルートを予想できるデータを何というか。	ビッグデータ

6 東北地方
―伝統的な生活・文化を受けつぐ人々の暮らし―

● 要点整理 ●

1 東北地方をながめて

①東北地方の地形と人々

・山地：中央に奥羽山脈，その西側に出羽山地，東側に北上高地
・河川と平野：北上川や最上川などの下流に仙台平野や庄内平野など
・盆地：北上盆地，山形盆地，会津盆地など
・北上高地の東の三陸海岸は山や谷がせまり，入り江が連なるリアス海岸
　　→寒流と暖流がぶつかる潮境は多くの魚が集まる漁場
・平地では米作り，盆地ではさくらんぼなどの果樹栽培を行う

②東北地方の気候と人々

・東北の気候は，奥羽山脈を境界にして，日本海側と太平洋側とで大きく異なる
・日本海側…夏は晴天の日が多く高い気温，冬は北西の季節風と対馬海流の影響で雪が降りやすい
・太平洋側…夏にオホーツク海高気圧から，やませとよばれる冷たくしめった北東の風がふくことがある

2 祭りや年中行事の伝統とその変化

①いましめと祝いの民俗行事

・東北地方の伝統的な民俗行事…地域の自然や生活，文化が深く反映→いましめと豊作・豊漁をもたらす神の使い「なまはげ」は，国の重要無形民俗文化財に指定
・農業の盛んな東北地方の行事…稲作や畑作などの農作業と結び付いており，伝統行事や年中行事，田の神，山の神への信仰などもある。

> 超重要　津軽平野のりんご，山形盆地のさくらんぼ，福島盆地のもも

でる！ ❶東北地方の三つの山地と交通網の様子は重要だよ。❷東北地方の稲作と果樹栽培をおさえよう。❸東北地方の民俗行事や食文化の特色をつかもう。❹東北地方の伝統産業をおさえておこう。

②農家の生活と結び付いた夏祭り

・東北地方の民俗行事の夏祭り…秋田県の竿燈まつりは豊作をいのる祭り
→農作物の病気や害虫を防いだり，人間の病気をはらったりする農家の行事が起源→観光資源としての役割

③気候に応じた食文化

・東北地方の保存食の漬け物…冬の積雪のために外出が難しい秋田県や山形県では，地域で収穫された農産物を使った漬け物が多い

・いぶりがっこは秋田県の伝統的な食文化の一つ

3 伝統工芸品の生産・販売とその変化

①地域の資源と結び付いた伝統工芸

・東北地方の伝統産業…地元の資源を利用した工芸品が冬に家の中でできる仕事として発展

・伝統的工芸品：津軽塗(青森県)や会津塗(福島県)，天童将棋駒(山形県)などが指定されている

・工芸品の課題…生産に費用や時間がかかる→大量生産品などの影響を受けて売れ行きが落ち込む

②世界の市場と結び付いた伝統工芸

・東北の伝統的工芸品である南部鉄器…生産は減少したが好む消費者も→若者向けのデザインやガスコンロ等に対応した製品など→海外への出荷増

・生活様式や好みの変化に対応し，販売の範囲を広げている

③社会の変化と結び付いたものづくり

・地場産業：漆器や酒造りなど

・交通の便が良い地域…半導体，電子部品などを造る工場や，自動車工場などが集まる工業団地が造られた

4 過去の継承と未来に向けた社会づくり

①くり返す地震や津波の被害

・関東から東北にかけての太平洋沖には，北アメリカプレートの下に太平洋プレートがしずみこんでいるため，2011（平成23）年3月11日の東北地方太平洋沖地震のように，地震や津波がくり返し発生

・1983（昭和58）年の日本海中部地震では，津波が韓国やロシアにも被害

②教訓を伝え，引きつぐ

・三陸海岸沿岸の碑…各地の津波の教訓として伝える碑

　・石碑は，被害の経験を記録として残し記憶を引きつぐ役割を果たす

　・津波てんでんこ…東北の方言「てんでんこ」に「津波」を組み合わせた，「津波が来たら，各自でにげる」という心構えを表す言葉

③新しいまちや社会をつくる

・災害に強いまちづくりに必要なもの…東日本大震災の被災地では，道路や堤防などの強度を高めるだけでなく，一人一人の防災意識を高める取り組み

━━━━━━━ もっと地理 **生まれ変わった鉱山町** 教科書 p.256 ━━━━━━━

①鉱山町としての繁栄

・日本有数の銅山である秋田県小坂鉱山は，明治初期に鉱山を中心に町が発展

・当時の繁栄を今に伝える施設，建物が残る

②「都市鉱山」のリサイクルで生まれ変わる町

・鉱山閉山後，金やプラチナなどレアメタルの精錬に活路を見出す

関連用語

奥羽山脈　東北地方の中央部を南北に走り，全長およそ500kmにもおよぶ日本最長の山脈である。

なまはげ　秋田県男鹿半島に残る行事で，大みそかの夜に，鬼にふんした住民が家々を回り，仕事をなまけることをいましめる。

潮境　温暖な海水と寒冷な海水との境。ここでは海水の対流が起こり，下の栄養分が日光が届く上のほうに移動し，プランクトンやそれを食べる魚が集まり，好漁場となる。

□本州の最北に位置する東北地方と北海道地方の間に
　ある海峡は何か。 ／ 津軽海峡

□東北地方の中央部を南北に走る山脈は何か。 ／ 奥羽山脈

□奥羽山脈の西側にある山地は何か。 ／ 出羽山地

□奥羽山脈の東側にある高地は何か。 ／ 北上高地

□奥羽山脈を源とし，山形盆地を流れ，庄内平野を貫
　流して日本海に注いでいる河川は何か。 ／ 最上川

□太平洋に注いでいる北上川の下流域に広がる稲作の
　盛んな平野は何か。 ／ 仙台平野

□福島県の中央部にある猪苗代湖の西側に位置する盆
　地は何か。 ／ 会津盆地

□山と谷が太平洋岸までせまり，入り江が連なるリア
　ス海岸となっている北上高地の東側にある海岸は何
　か。 ／ 三陸海岸

□東北地方の日本海側で冬に雪が多いのは，北西の季
　節風と何海流の影響を受けているからか。 ／ 対馬海流

□東北地方の夏に，オホーツク海高気圧からふく，冷
　たくしめった北東の風を何というか。 ／ やませ

□北東風がもたらす冷気と，霧による日照不足で，夏
　でも気温が上がらない日々が続くことがある。この
　ような夏を何というか。 ／ 冷夏

□手工業や家内工業であった農家の副業から発達し，
　近代工業が盛んな今も続いている産業は何か。 ／ 伝統産業

□秋田県の男鹿半島で行われている，仕事をなまける
　ことをいましめたり，豊作・豊漁をもたらす神の使
　いとして歓迎されたりする行事は何か。 ／ なまはげ（男鹿
のナマハゲ）

□提灯を米俵に見立てて，米の豊作をいのるために秋田市で行われている祭りは何か。	竿燈まつり
□囲炉裏の上に大根をつるし，けむりでいぶして，米ぬかや塩でつけた秋田県の伝統的な漬け物は何か。	いぶりがっこ
□国から伝統的工芸品として指定されている，青森県で生産される漆器は何か。	津軽塗
□国から伝統的工芸品として指定されている，福島県で生産される漆器は何か。	会津塗
□近年若者向けのデザインやガスコンロ等に対応した製品を造り販路を広げている，鉄瓶や茶釜で有名な岩手県の伝統的工芸品は何か。	南部鉄器
□福島県会津若松市では，16世紀ごろからの地場産業として何が行われているか。	漆器作りや酒造り
□国から伝統的工芸品として指定されている山形県の将棋駒は何か。	天童将棋駒
□三陸海岸の沿岸には「此処より下に家を建てるな」と刻んだ石碑がある。この石碑は何の教訓か。	津波
□2011（平成23）年3月11日に起こった地震を何というか。	東北地方太平洋沖地震
□東日本大震災により一部区間の不通が続いていたが，約3年後に全線で運行を再開した，三陸海岸を走る鉄道を何というか。	三陸鉄道
□秋田県小坂町にある小坂鉱山事務所は，現在国の重要文化財と何に指定されているか。	近代化産業遺産
□秋田県小坂町は，小坂鉱山が閉山になると，精錬所で廃棄物から何を取り出すことに成功したか。	レアメタル
□高速道路が整備されたことにより，福島県会津若松市内の交通の便が良い地域に造られたのは何か。	工業団地

7 北海道地方 ―雄大な自然とともに生きる人々の暮らし―

● 要点整理 ●

1 北海道地方をながめて

①北海道地方の地形と人々

・北海道の位置：日本の最北端，本州との間に津軽海峡がある

・北海道の面積：面積は四国の4倍以上，日本の面積の約20％をしめる

・中央の山地：北見山地や日高山脈などが南北に連なる

　　・山地の西：石狩平野，上川盆地／東：十勝平野，根釧台地

・活火山の羅臼岳や十勝岳，有珠山，カルデラに水がたまってできた洞爺湖や屈斜路湖→国立公園に指定されている地域もある

②北海道地方の気候と人々

・北海道の気候は冷帯（亜寒帯）…夏が短く冬が長い

　　・夏はすずしく過ごしやすい

・日本海側…暖流と北西の季節風の影響で冬に雪が多い

・太平洋側…夏は南東からふく季節風が寒流で冷やされ，沿岸部で濃霧が発生

霧を発生させる海流と夏の季節風
（気象庁資料ほか）
→ 寒流（親潮）
→ 暖流（黒潮）
→ 夏の季節風
0　200km

・オホーツク海沿岸…冬に北から流氷が流れてくる

・先住民族のアイヌの人々…自然に根差した生活・文化を確立

　　・明治時代以降は開拓が進み，農作物の生産が増加→アイヌの人々は居住の場をうばわれる

2 自然の制約に適応する人々の工夫

①寒さと生きる

・室内の暖かさをにがさない家：二重の窓，断熱性の高いかべなど

・道路の雪を解かすロードヒーティング，縦型の信号機，とがった看板

でる！ ❶北海道の気候の特色をつかんでおこう。❷アイヌの人々と北海道開拓の歴史を覚えておこう。❸北海道の漁業の特徴をおさえよう。❹北海道の稲作や，大規模な畑作・酪農の様子をおさえておこう。

②火山と生きる

・北海道の活発な火山活動による被害の減少（減災）への取り組み…避難情報の発信，火山の噴出物の流出を防ぐ砂防ダム，防災マップ（ハザードマップ）を活用した避難訓練の徹底など

・洞爺湖や有珠山周辺はユネスコ世界ジオパークに認定…環境や防災について学べる観光地

③豊かな海のめぐみ

・北海道の漁獲量は日本一…明治〜昭和は小樽のにしん漁で栄える→近年では，ほたてやうになどの養殖が増えている

・根室や釧路…ベーリング海やオホーツク海で行われる北洋漁業の拠点

3 自然の制約や社会の変化を乗りこえる

①拡大する稲作地域

・北海道の低地…泥炭地が広がり，稲作に不向き→品種改良，客土や排水施設の整備など→現在では石狩平野をはじめ，日本有数の米の生産地

②大規模化する畑作や酪農

・農家一戸当たりの耕作面積が，全国平均と比べて広大で，大規模

・日本有数の畑作地域である十勝平野→輪作で，小麦やてんさい，じゃがいも，小豆などを生産

・根釧台地や十勝平野の酪農…乳牛飼育→生乳を主にバターやチーズに加工

③国際競争と地産地消

・外国産の安い農産物を買う人が増えて利益を出すことが難しくなっている→食の安全に配慮した農産物

超重要 石狩平野の稲作，十勝平野の大規模な畑作・酪農，根釧台地の酪農

・地元で乳製品やビールなどの生産をする企業の課題…輸入された安い原料と，地域でとれた原料を使う地産地消とのバランス

4 自然の特色を生かした産業

①地域の資源を活用する製造業

・北海道のそれぞれの地域で中心となっている都市…地域の特色を生かした農林水産業や，そこでとれた原材料を加工する製造業を中心に発展→帯広のバターなどを作る工場，苫小牧の製紙業，根室の缶詰工場など

②世界とつながる観光業

・北海道各地は自然の特色を生かした観光産業が盛ん→夏のすずしさや，冬の雪や流氷を求める多くの観光客

・世界遺産(自然遺産)に登録されている知床…流氷，自然の景観や動植物，温泉

③地域の発展と環境保全の両立

・観光客の増加は自然環境を損なうことにもつながる→自然の仕組みを学ぶエコツーリズムが広まる

— もっと地理 現代に受けつがれるアイヌ民族の文化 教科書 p.268 —

①自然と結び付いたアイヌ民族の文化

・先住民族のアイヌの人々…自然と結び付いた生活や習慣を築いてきた

・北海道各地の地名…アイヌ民族の言葉が反映

②伝統的工芸品の継承と観光

・北海道で初の伝統的工芸品の指定→アイヌ民族の伝統的織物も対象に

・アイヌ民族の工芸品…もともと和人との交易品として生産

関連用語	**濃霧** 夏の南東の季節風が寒流で冷やされ，それが暖められた陸地に接して発生する濃い霧のこと。 **流氷** 風や海流などにより漂流する氷のかたまりの総称。日本では冬にオホーツク海沿岸で見られる。	**ジオパーク** 山や川など自然の成り立ちや仕組み，自然環境と人間との関わりについて考える場所である。つまり，ジオ＝地球に親しみ，学び，楽しむ場所のこと。日本の世界ジオパークは9か所(2020年1月現在)。

□三方をユーラシア大陸に囲まれ，北海道の北東に位置する海を何というか。 | オホーツク海

□北海道地方の中央部を南北に走る山地は，北見山地と何山脈か。 | 日高山脈

□北海道の東部に広がる広大な台地を何というか。 | 根釧台地

□有珠山の北側にあり，噴火によって造られたカルデラに水がたまってできた湖は何か。 | 洞爺湖

□日本の代表的な優れた自然の風景地を国が指定し，その地域の自然を保護・管理し，国民の休養などを目的として設けられた公園は何か。 | 国立公園

□北海道の気候帯は何か。 | 冷帯（亜寒帯）

□北東部のオホーツク海沿岸では，冬になると何が流れてくるか。 | 流氷

□北海道の日本海側では冬に雪が多く見られるが，その原因となっている海流は何か。 | 対馬海流

□北海道の太平洋側で，夏に濃霧が発生する原因となっている海流は何か。 | 親潮（千島海流）

□北海道にもともと住んでいた先住民族は何か。 | アイヌの人々（アイヌ民族）

□雪の降る地域で，道路の中に電熱線や温水パイプを入れ，その熱で道路の雪を解かす施設は何か。 | ロードヒーティング

□縦型の信号機や上部がななめになっている看板は何のためか。 | 雪が積もらないようにするため

□2000（平成12）年に有珠山が噴火した際，人命の被害が出なかったのは，何を活用した避難訓練の徹底などの取り組みによるか。 | 防災マップ（ハザードマップ）

124

□北海道の人口の3分の1以上をしめる，政令指定都市はどこか。　札幌市

□洞爺湖とその周辺は，火山による大地の移り変わりの様子や火山の噴火の被害を伝えている。このことからこの地域は何に認定されたか。　(ユネスコ)世界ジオパーク

□漁業が盛んな北海道は，都道府県別漁獲量で全国第何位か。　第1位

□近年北海道でも行われる，あみを張った海で，ほたてやうにを大きくなるまで育てる漁業は何か。　養殖

□北海道に広がっていた，水分が多く，地温が低く，また酸性が強く農耕に適さない土壌は何か。　泥炭地

□泥炭地に稲作に適した土を運び入れることを何というか。　客土

□北海道で石狩平野を中心に行われている農業は何か。　稲作

□日本有数の畑作地域は何平野か。　十勝平野

□国内生産量393万tの全てを北海道がしめていた野菜を何というか(2015年)。　てんさい

□土地の栄養を落とさないように，同じ土地で年や時期ごとに異なる順番で作物を作ることを何というか。　輪作

□根釧台地や十勝平野で盛んな，乳牛を飼育し，生乳などを生産する農業は何か。　酪農

□価格の安い輸入農産物に対抗するため，北海道の畑作地域や酪農地域が農産物の生産について配慮していることとは何か。　食の安全

□地元で作られた農林水産物を地元で消費することを何というか。　地産地消

□流氷に加え，美しい自然や温泉などが観光客をひきつける世界遺産(自然遺産)に登録された地域はどこか。　知床

❶ 九州地方について，右の地図を見て，次の問いに答えなさい。

(1) 右の地図中の**A～F**の地名を，次の**ア～カ**から選び，記号で答えなさい。

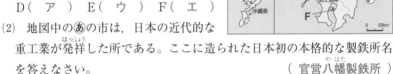

ア　阿蘇山
イ　有明海
ウ　九州山地
エ　桜島（御岳）
オ　筑後川
カ　筑紫平野

A（ オ ）　B（ カ ）　C（ イ ）

D（ ア ）　E（ ウ ）　F（ エ ）

(2) 地図中の⑧の市は，日本の近代的な重工業が発祥した所である。ここに造られた日本初の本格的な製鉄所名を答えなさい。　　　　　　　　　　　　　（ 官営八幡製鉄所 ）

(3) 地図中の⑥の平野は，きゅうりやピーマンなどをビニールハウスで生産し，出荷時期を早めている。⑥の平野名と栽培方法名を答えなさい。

平野名（ 宮崎平野 ）　方法（ 促成栽培 ）

(4) 地図中の⑤の市にある化学工場の排水にふくまれたメチル水銀によって公害病が発生した。この公害病名を答えなさい。　（ 水俣病 ）

❷ 中国・四国地方について，右の地図などを見て，次の問いに答えなさい。

(1) 右の地図中の**A～F**の地名を，次の**ア～カ**から選び，記号で答えなさい。

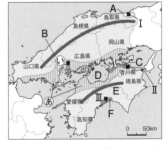

ア　高知平野
イ　讃岐平野
ウ　四国山地
エ　瀬戸内海
オ　中国山地
カ　鳥取砂丘

A（ カ ）　B（ オ ）　C（ イ ）

D（ エ ）　E（ ウ ）　F（ ア ）

(2) 次のページの右上の①，②の雨温図に当てはまる都市を，地図中のⅠ～Ⅲから選び，記号で答えなさい。

①（ Ⅱ ）　②（ Ⅲ ）

(3) 地図中の**あ**の工業地域を何というか答えなさい。　（　瀬戸内工業地域　）

(4) 地図中の**い**の都市名を答えなさい。また，**い**は中国地方の政治や経済，文化の中心都市である。このような機能を持つ都市を何というか答えなさい。

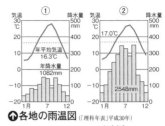

↑各地の雨温図（「理科年表」平成30年）

都市名（　広島市_{ひろしま}　）　機能（ 地方中枢都市_{ちゅうすう} ）

❸ 近畿_{きんき}地方について，右の地図を見て，次の問いに答えなさい。

(1) 右の地図中の**A〜G**の地名を，次の**ア〜キ**から選び，記号で答えなさい。

ア　伊勢湾_{いせわん}　　　　イ　大阪平野_{おおさか}

ウ　紀伊山地_{きい}　　　　エ　京都盆地_{きょうとぼんち}

オ　志摩半島_{しま}　　　　カ　琵琶湖_{びわ}

キ　淀川_{よどがわ}　　　　　　　　A（　カ　）

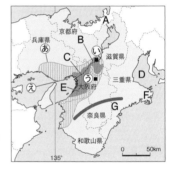

B（　エ　） C（　キ　） D（　ア　）

E（　イ　） F（　オ　） G（　ウ　）

(2) 地図中の**あ**の工業地帯を何というか答えなさい。　（ 阪神工業地帯_{はんしん} ）

(3) 地図中の**い〜え**について，次の問いに答えなさい。

① **い**，**う**の都市名を答えなさい。

い（　京都市　）　**う**（　奈良市_{なら}　）

② **い**，**う**には多数の文化財があり，その歴史的価値を評価されてあるものに登録されている。何に登録されているか答えなさい。

（ 世界遺産（文化遺産） ）

③ 兵庫県神戸市_{こうべ}では，ニュータウン建設時に丘陵地をけずった土を臨海部のうめ立てや**え**の建設に利用した。**え**を答えなさい。

え（　人工島　）

❶ 中部地方について，右の地図とグラフを見て，次の問いに答えなさい。

(1) 右の地図中の**A〜G**の地名を，次の**ア〜キ**から選び，記号で答えなさい。

ア　越後平野　　イ　甲府盆地
ウ　信濃川　　　エ　濃尾平野
オ　飛驒山脈　　カ　富士山
キ　若狭湾　　　　　　　　　　A（　ア　）

B（　ウ　）　C（　オ　）　D（　イ　）

E（　キ　）　F（　エ　）　G（　カ　）

(2) 地図中の**C**，木曽山脈，赤石山脈の三つの
山脈をまとめて何とよんでいるか答えなさい。

（　日本アルプス　）

(3) 地図中のあの周辺には都市が点在し，
これらの都市で大都市圏を形成してい
る。何という大都市圏を形成しているか
答えなさい。

（　名古屋大都市圏　）

❶ Ⅰ，Ⅱの生産量の県別割合

[2016年]
Ⅰ 計17.9万t	山梨 23.7%	長野 16.1	岡山8.3／福岡4.5／山形10.4	その他 37.0
Ⅱ 計12.7万t	山梨 31.3%	福島 23.0	長野 12.6	和歌山7.8／山形7.2／その他 18.1

0　20　40　60　80　100%

（「果樹生産出荷統計」平成28年産ほか）

(4) 地図中のい，うの工業地域や工業地帯について，次の問いに答えなさい。

①　い，うの工業地域名や工業地帯名を答えなさい。

い（　中京工業地帯　）　　う（　東海工業地域　）

②　いで自動車生産が盛んな都市はどこか，次の**ア〜エ**から選び，記
号で答えなさい。　　　　　　　　　　　　　　　（　ウ　）

ア　岡崎市　　イ　東海市　　ウ　豊田市　　エ　四日市市

(5) 右上のⅠ，Ⅱのグラフに当てはまる果物を，次の**ア〜エ**から選び，記
号で答えなさい。　　　　　　　　　Ⅰ（　エ　）　Ⅱ（　イ　）

ア　りんご　　イ　もも　　ウ　みかん　　エ　ぶどう

❷ 関東地方について，右の地図を見て，次の問いに答えなさい。

(1) 右の地図中の **A〜H** の地名を，次の**ア〜ク**から選び，記号で答えなさい。

ア　荒川　　　　イ　霞ヶ浦

ウ　関東山地　　エ　関東平野

オ　東京湾　　　カ　利根川

キ　房総半島　　ク　三浦半島

A（　イ　）　B（　ウ　）　C（　エ　）

D（　カ　）　E（　ア　）　F（　オ　）

G（　ク　）　H（　キ　）

(2) 地図中のⓐは，集中する東京の都市機能を分散させるためにつくられた都市の一つで，ここには東京から大学や研究機関が移転している。このⓐの都市名を答えなさい。

（　筑波研究学園都市　）

(3) 地図中のⓑ，ⓒは，日本を代表する空港である。ⓑ，ⓒの空港名を答えなさい。

ⓑ（　成田国際空港　）　　ⓒ（　東京国際空港（羽田空港）　）

(4) 内陸部の茨城県，栃木県，群馬県では，機械や食品加工，印刷などの工場が多く見られる。この工業地域名を答えなさい。

（　北関東工業地域　）

(5) 交通網の発達により，東京への通勤・通学圏はますます拡大しているが，東京郊外の多くの都市では夜間人口と昼間人口のどちらが少ないか答えなさい。　　　　　　　　　　　　　　　　（　昼間人口　）

(6) 周辺の山間部では，キャベツやレタスなどの高原野菜の栽培が行われている。群馬県にあるその代表的な市町村名を答えなさい。

（　嬬恋村　）

(7) 埼玉県や千葉県，茨城県などでは，大消費地に近い条件を生かして，都市向けに野菜を出荷する農業が盛んである。この農業を何というか答えなさい。　　　　　　　　　　　　　　　　（　近郊農業　）

1 東北地方について，右の地図を見て，次の問いに答えなさい。

(1) 右の地図中の**A〜H**の地名を，次の**ア〜ク**から選び，記号で答えなさい。

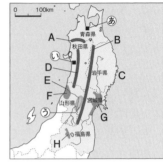

ア	会津盆地	**イ**	奥羽山脈
ウ	三陸海岸	**エ**	庄内平野
オ	白神山地	**カ**	仙台平野
キ	出羽山地	**ク**	最上川

A（ **オ** ） B（ **イ** ） C（ **ウ** ）

D（ **キ** ） E（ **ク** ） F（ **エ** ）

G（ **カ** ） H（ **ア** ）

(2) 地図中の**あ**，**い**の都市は，8月上旬に大規模な夏祭りが行われている。**あ**，**い**で行われている祭りを，次の**ア〜エ**から選び，記号で答えなさい。

ア 竿燈まつり **イ** 七夕まつり **あ**（ **ウ** ）

ウ ねぶた祭 **エ** 花笠まつり **い**（ **ア** ）

(3) 地図中の**う**について，次の問いに答えなさい。

① **う**の地域で行われている伝統産業を，次の**ア〜ウ**から選び，記号で答えなさい。 （ **ウ** ）

ア 会津塗 **イ** 津軽塗 **ウ** 天童将棋駒

② **う**の地域の伝統産業は，国から何に指定されているか答えなさい。

（ 伝統的工芸品 ）

(4) **C**の海岸沿岸には石碑があり，そこには「此処より下に家を建てるな」と刻まれている。これは何に対する教訓なのか答えなさい。

（ 津波 ）

(5) 太平洋側では，オホーツク海高気圧から，冷たくしめった北東の風がふき出すことがあるが，これを何というか答えなさい。

（ やませ ）

2 北海道地方について，右の地図を見て，次の問いに答えなさい。

(1) 右の地図中の**A～H**の地名を，次の**ア～ク**から選び，記号で答えなさい。

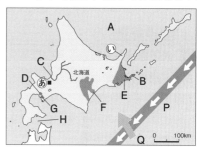

ア 石狩川 イ 有珠山

ウ オホーツク海 エ 根釧台地

オ 津軽海峡 カ 洞爺湖

キ 十勝平野 ク 根室半島

A(ウ) B(ク)

C(ア) D(カ)

E(エ) F(キ)

G(イ) H(オ)

(2) 地図中の**P**，**Q**について，次の問いに答えなさい。

① **P**の海流名と**Q**の風の名を答えなさい。

P(親潮(千島海流)) Q(季節風)

② 夏のしめった南東の**Q**が**P**の影響を受けて冷やされることにより，沿岸で発生するものを答えなさい。 (濃霧)

(3) 地図中の**あ**は，北海道の中心都市である。**あ**の都市名を答えなさい。
(札幌市)

(4) 地図中の**C**の流域に広がる平野で盛んな農業は何か答えなさい。
(稲作)

(5) **D**や有珠山周辺は何に認定されているか答えなさい。
(ユネスコ世界ジオパーク)

(6) 地図中の**F**では，同じ土地で年や時期ごとに異なる作物を順番に作っている。これを何というか答えなさい。 (輪作)

(7) 地図中の**い**について，次の問いに答えなさい。

① **い**の半島名を答えなさい。 (知床半島)

② **い**の地域は，何に登録されているのか答えなさい。
(世界遺産(自然遺産))

地域の在り方 教科書 p.270～p.281

 **要点整理**

1 身近な地域の課題を見つける

①地球規模の課題とSDGs（エスディージーズ）

・SDGs…持続可能な開発目標のこと

・国連が定めた2030年までに世界各国が取り組むべき目標→17分野ある

②日本の地域的な課題

・SDGsの「住み続けられるまちづくりを」→山間部，都市部などで優先して解決すべき課題を探す

2 課題を調査する

①どこで起こっているか／②どのように起こったか

・位置や分布に注目　・背景や原因を写真や地形図を比較（ひかく）してとらえる

3 要因を考察する

①課題の要因を考察する／②課題の影響（えいきょう）を考察する

・経済活動や生活様式の変化などさまざまな角度から考察する

・課題が別の問題にも影響を与えていないかを考える

4 解決策を構想する

①他地域の取り組みを調べる／②地域の課題に合わせて考える

・他地域での取り組みを参考にする→インターネットなどで発信する方法

・地域の実情によって解決策が異なる→その地域にふさわしい解決策を考察

5 地域の将来像を提案する

①解決策を提案する方法／②根拠（こんきょ）や立場を明確にする

・提案内容を，地図やイラスト，映像などを使用し，わかりやすくまとめる

・提案内容の根拠（こんきょ）を明確に，どのような立場での主張かを明確にする

超重要 SDGsは，2030年までに世界が取り組むべき持続可能な開発目標